湛庐 CHEERS

与最聪明的人共同进化

HERE COMES EVERYBODY

带着支持
去认可
How to Listen, Hear, and Validate

◆◆

［美］帕特里克·金（Patrick King） 著

田苑菲 译

浙江教育出版社·杭州

你知道如何科学地认可他人吗?

扫码加入书架
领取阅读激励

扫码获取全部测试题
及答案，跟随专家
学习科学地认可他人

- 社交技能专家帕特里克·金认为，不认可某人的本质上其实是（ ）
  A. 否认他的经历
  B. 鼓励他改变想法
  C. 指出他的错误
  D. 理解他的感受

- 与人相处的最佳方式是（ ）
  A. 积极倾听
  B. 迅速提出自己看法
  C. 提供尽可能多的建议
  D. 回避对方的情绪

- 面对意见分歧，我们可以采取的最佳方式是（ ）
  A. 直言观点
  B. 保持沉默
  C. 表达理解
  D. 划清界限

扫描左侧二维码查看本书更多测试题

HOW TO
LISTEN,
HEAR,
AND
VALIDATE

目 录

第 1 章　认可是一种沟通方式　　　　　　001
　　　　　你在生活中表达认可了吗　　　　003
　　　　　为什么认可很重要　　　　　　　011
　　　　　认可和共情不一样吗　　　　　　016
　　　　　认可是表达关怀最清晰的方式之一　018
　　　　　在正确的时间以正确的方式认可　　022

第 2 章　认可的 6 大步骤　　　　　　　　 027
　　　　　认可是发自内心地接受　　　　　029

带着支持去认可
HOW TO LISTEN, HEAR, AND VALIDATE

认可第 1 步，与对方同频　　　　　　　　030
认可第 2 步，准确回应　　　　　　　　　034
认可第 3 步，读懂对方没说出来的意思　　038
认可第 4 步，以对方的经历为中心　　　　041
认可第 5 步，避免评判　　　　　　　　　044
认可第 6 步，向对方袒露内心和脆弱感　　048

第 3 章　当认可无望，如何在不认可中寻找出路　055

不被认可的痛苦　　　　　　　　　　　057
什么是不认可　　　　　　　　　　　　059
不认可的 4 大表现　　　　　　　　　　066
走向自我认可，超越他人的否定　　　　073

第 4 章　跨越差异，在分歧中表达认可　079

关于认可，我们都有哪些误会　　　　　081

目录

认可不是认同 083
在不认同中表达认可 089
在冲突中表达认可 096

第5章　共情，引燃最高级认可的武器　103
为什么认可中不能没有共情 105
3步提高共情力 111
建立高质量的友谊 120

第6章　共情式沟通，实现认可的最佳方式　125
什么是共情式沟通 127
3个原则引领高质量对话 128
3种方式，开启共情式倾听 137
练习共情式倾听，发现新天地 143

HOW TO LISTEN, HEAR, AND VALIDATE

第 1 章

认可是一种沟通方式

认可不是全面肯定他人的想法或感受,
而是承认他有权用自己的方式看问题。

HOW TO LISTEN, HEAR, AND VALIDATE

第 1 章
认可是一种沟通方式

你在生活中表达认可了吗

有一天,一对夫妇正在讨论某件事情,但很快,他们的对话开始变得激烈起来:

妻子:医生打电话跟我说,他们拿到了我的检查结果……

丈夫:结果如何?

妻子:他们说一切正常。第一次检查结果显然只是偶然现象。没什么可担心的。

丈夫:真的吗?!太棒了!听到这个消息我真高兴!你一定松了一口气……

妻子：嗯，其实，我不知道该怎么说……

丈夫：你不放心吗？

妻子：这很难解释，我想我有点儿……失望？这听起来或许很怪，但从某种意义上来说，我或许期待着可怕的结果。我几乎体会到那种失落感了！我知道这听起来很傻……

丈夫：太傻了，你疯了！你不知道你有多幸运。我们应该出去庆祝一下。

妻子：呃，我们能不能不要这样？我真的没什么心情……

丈夫：你这是怎么了？你太荒唐了。你不会是希望检查结果呈阳性吧？你简直疯了……

可以想象，接下来，妻子很可能会继续试着解释自己的真实感受，丈夫则拒绝接受妻子这种怪异的想法，甚至会因为妻子的不懂感恩或未欢欣鼓舞而生气。

如果换一种方式来展开谈话呢？比如：

第1章
认可是一种沟通方式

妻子：医生打电话跟我说，他们拿到了我的检查结果……

丈夫：结果如何？

妻子：他们说一切正常。第一次检查结果显然只是偶然现象。没什么可担心的。

丈夫：真的吗？！太棒了！听到这个消息我真高兴！你一定松了一口气……

妻子：嗯，其实，我不知道该怎么说……

丈夫：你不放心吗？

妻子：这很难解释，我想我有点儿……失望？这听起来或许很怪，但从某种意义上来说，我或许期待着可怕的结果。我几乎体会到那种失落感了！我知道这听起来很傻……

丈夫：不，你不傻。你能再说明白一点儿吗？听到你没事儿，我特别欣慰，但你似乎不太确定……

妻子：是的，我不知道该怎么说……也许我已

带着支持去认可
HOW TO LISTEN, HEAR, AND VALIDATE

经做好了检查结果呈阳性的心理准备……

丈夫：你再仔细讲讲。

接下来，妻子可能会向丈夫说明自己的感受及原因；丈夫则仔细倾听，他不是为了否定妻子的感受，而是为了更好地理解和支持她，即使她的想法听上去很奇怪。

后一组对话和前一组对话有什么不同呢？答案是，在后一组对话中，丈夫向妻子表达了认可。

在接下来的内容中，我们将探讨认可的力量：认可是什么，认可不是什么，以及如何利用认可来增进人际关系、培养同理心和改善沟通。

对于"认可"一词，从概念上似乎很容易理解，但在现实生活中，它可能会很微妙，也很难把握。想要理解认可是什么，要先知道认可不是什么。

在刚才的前一组对话中，丈夫的态度是不屑一顾的。通过说妻子"太傻了""疯了"，丈夫传达的信息很明确：妻子

第 1 章
认可是一种沟通方式

的感受以及妻子本身是有问题的。事实上,当丈夫问"你这是怎么了"时,他想表达的就是妻子不该有这样的感觉。

诚然,这是一个极端的例子,但我们从中可以清楚地看到不认可的本质特性。

当我们不认可某人时,我们会否认他的经历。我们会对他进行反驳、贬损、质疑、反对或评判。我们会告诉他,他感受到的或感知到的是错误的,也是无济于事且不可取的,他经历的事情既不合乎情理,也不合乎逻辑。

有时,我们可能会表现得好像对方的感受违背了某种客观现实一样,并会指出他应该为此感到羞耻。总而言之,不认可就是不接受他人的本来面目。

当我们不认可某人时,可能针对的是他当下的感受、思想、言论、行为、信念、观点或想法。然而在这个过程中,我们可能会或多或少地否定他本身。"你的反应太过分了"与"你太过分了"这两种表达有着微妙的相似性。

这种不认可可能难以觉察,甚至可能会打着真正关心或

带着支持去认可
HOW TO LISTEN, HEAR, AND VALIDATE

试图提供帮助的旗号出现。而事实上,不认可是一种攻击性很强的态度。

例如,许多父母会告诉受惊的孩子要放宽心,没有什么好怕的。即使父母想要提供帮助,但他们传达给孩子的信息却是"你就是错了"。如果孩子在不应该感到害怕时却感到了害怕,那说明什么呢?是不是就是"你错了"的不认可呢?

同样,以下这些说法听上去轻描淡写,传达出的却是不认可:

"你吃薯条时蘸蛋黄酱?真是个怪人。"

"嘿,别往心里去!"

"你因为工作压力大而感到焦虑?那么,那些连工作都没有的人呢?你觉得他们会怎么想?"

"冷静点儿,你不要不讲道理。"

"很多人都说他们不想要孩子,结果呢?你会改变主意的,等着瞧吧!"

第 1 章
认可是一种沟通方式

尽管我们可能都曾被别人这样说过或对他人说过这样的话,但我们仍然很难具体指出这些话是如何传达出不认可的。上述表达中缺少了什么呢?是什么让这些话听起来变味了?

在接下来的章节中,我们将把认可理解为承认和接受他人经历的一种行为。也就是说,以认可对方为出发点来进行沟通。认可他人并不意味着同意他人的意见或喜欢他们正在经历的事情,抑或理解他们的感受;它意味着,认识到他人有权按照自己的方式理解任何事。

> **认可 TIPS**
>
> 认可不代表全面肯定他人的想法或感受,而是承认他有权按自己的方式理解任何事。

当我们看到某人很生气时,我们可以选择帮助对方压制这种愤怒,与之抗争,否认它或回避它;也可以直接承认对方就是很生气。

许多人不愿认可别人,因为他们不了解认可别人的意义。对于同一件事,当倾听者与倾诉者有不同的内在体验,或倾诉者的感知与倾听者认为的"客观现实"不符时,倾听者就容易忘记给予倾诉者同情、理解和善意。

带着支持去认可
HOW TO LISTEN, HEAR, AND VALIDATE

例如，假如杰里米听到了某种并不存在的声音，并且被吓坏了。随后，他和一位亲密好友谈论自己的担忧，但好友立刻告诉他，这些声音根本不存在：既然知道了这些声音是不存在的，那还有什么好担心的呢？

好友本可以建议杰里米去看看医生，但他却直截了当地告诉杰里米，害怕假想的声音毫无意义。

之后，杰里米又找到另一位好友，并说出了自己的担忧。这位好友并不关心事情的真假，也不关心它合理与否，他只关心杰里米的真实感受。

他告诉杰里米，害怕是正常的，也是可以理解的。换句话说，相比于客观事实，他认为杰里米的主观感受更重要。杰里米的第一位好友不认可他的经历，而第二位好友认可了。

对于上文所说的认可，讲究实事求是的人或许难以理解。对他们来说，寻找明显的解决方案、收集数据、辨识出现实世界中的问题并加以解决，似乎更有意义。他们可能会认为，上文所说的认可意味着同意别人错误的理念或想法，或者不采取任何实际措施来解决问题。

第 1 章
认可是一种沟通方式

但是，我们现在所讨论的认可是人类交流中重要且必要的一部分，即使它并不能验证或解决问题。

如果我们只关注事实，可能会错过情感因素，而情感因素往往是沟通最为重要的动因之一。大多数人都认为自己有同理心和理解力，但想要真正地认可他人，或许还需要一些练习，因为很多人时常不得要领。毕竟，当朋友情绪低落时，谁不曾说过"振作起来"，并试图让朋友相信事情并没有那么糟糕呢？

> **认可 TIPS**
>
> 只关注事实，可能会错过情感这个沟通中最为重要的动因之一。

为什么认可很重要

我们都希望自己被人接受，受人喜爱。我们也希望别人能注意到我们，认可我们，并肯定我们的价值。

一旦开始练习认可的艺术，我们就将学会如何带给他人这种体验。认可他人就是接受他人的本来面目。要想成为对方的好朋友、好伙伴或好父母,还有什么比认可更好的方法呢?

> **认可 TIPS**
>
> 只要获得认可,我们就能自信起来。

当我们认可某人时,会给予他真正的支持,让他知道自己并不孤单。生活可能会给所有人出难题,但当我们真正得到认可时,就会变得安心,因为我们确信自己走在正确的道路上,而且我们经历的一切都是正常的。

人的意志力是强大的,但也是有限的。当有许多人在背后支持我们时,我们会感到自己更加强大。

举例来说,假如有个人正在努力克服暴饮暴食的坏习惯并开始减肥。几个月后,如果完全没有人注意到他的进步,那他可能会感到彻头彻尾的失败与孤独;而如果有同伴定期"查验",认可他付出的辛苦,乃至肯定他的成果,他就更容易继续坚持原定的目标。

如今,人们可以说比以往任何时候都更加孤立,许多人

第 1 章
认可是一种沟通方式

在家庭和社会中几乎无所依靠。如果没有人能陪我们完成人生的挑战,没有人承认乃至享受我们的存在,也没有人让我们借此反思我们是谁以及我们的行为会带来哪些影响,那么我们很快就会开始觉得自己根本不存在。

当有人非常体贴地赞美我们,让我们感觉非常美好时,我们一定会牢记这种幸福感。相比之下,当一个我们本以为很了解自己的人买了一件我们根本不喜欢的奇怪礼物时,我们一定会记得那种极度的疏离感。

当然,这不仅仅在于我们的生命中有多少人陪伴。如果得不到真正的认可与接受,即使身在一个人满为患的房间里,我们也可能会感到特别孤独无助;即使在自己家里,我们也可能会感到失落和不自在;结婚 20 年,我们也可能会看着自己的配偶说:"我根本不知道你究竟是个什么样的人。"这就是缺乏真正认可的表现。

此外,被人看到和听到,可以使我们的生活更加稳定、更有意义,可以为我们生命中的每一天增添色彩,让生活变得更美好。当我们的经历得到他人的见证和认可时,对我们来说,这种经历似乎会变得更加真实、可控。

带着支持去认可
HOW TO LISTEN,HEAR,AND VALIDATE

如果我们能学会真正看到并认可他人，其实也是在赠予他人和自己一份美妙的礼物。一旦获得了认可，我们就能更轻松地应对生活中的困难，也能更有效地调节自己的情绪。

认可 TIPS

他人的回应、关心与倾听，既能促使我们更加了解自我，也有助于我们人格的确立。

当有人认可我们时，我们就能更好地做自己，这就像通过镜子来确认自己的样貌一样。我们通过他人真诚的回应了解自我，并认识到他们在回应我们、关心我们、倾听我们，在这个过程中，我们得以确立自己的人格，且能更加清晰地了解自己。

当然，认可还有一些更深层的要求。当我们认可某人时，我们不仅要看到他，还要全身心地接受他。我们不会给予他审视的目光，而会通过关注来告诉他，他值得被理解，而且他十分重要。即使我们难以完全做到设身处地，但能尽心尽力地去尝试，也是值得称赞的。

例如，许多父母无法真正理解十几岁孩子的想法，但有时他们需要做的，只是在第一时间努力让孩子感受到他们的关心即可。

第 1 章
认可是一种沟通方式

这并不意味着只有得到认可的人才会受益。事实上,当一个人认可另一个人时,双方都会受益。

认可会使彼此立即变得更牢靠、更可信和更真诚。当一个人感觉自己被看到和被接受时,他更愿意向他人回报这种善意,并强化自己与他人的联系。有证据表明,得到认可能使大脑释放有益的神经递质。

认可他人意味着肯定他人的情感,同时也意味着承认他人生活在一个与我们完全不同的世界中且秉持着完全独立的立场。对方不是我们,不会像我们那样思考,如果我们能带着认可的精神与他对话,我们就能尊重并接受这一事实。

认可有助于深化理解,这不仅能帮助我们更好地与人沟通,还会改善我们的世界观。或许,我们可以在这个过程中学到更多。

> **认可 TIPS**
>
> 感觉自己被看到和接受时,更愿意向他人回报这种善意,并强化与他人的联系。

带着支持去认可
HOW TO LISTEN,HEAR,AND VALIDATE

认可和共情不一样吗

了解了认可的好处后,你可能想知道它是否与单纯的同情和共情等同。事实上,这些概念在某种程度上是互相重叠的。

表面上,善于认可他人的人,似乎与富有同情心而不对他人妄加评判的人或善于与他人共情的人没什么不同,但事实上,他们之间是有差异的。

同情是指承认他人的经历,但前提是将自己作为参照。例如,你知道别人在演讲时很紧张,因为你在演讲时也会紧张。

共情则是指从他人的角度而非从自己的角度来设身处地地观察和思考。例如,尽管你喜欢公开演讲,但你仍然可以想象出一个害怕演讲的人在演讲前会有怎样的感受。

然而,认可则比较特别。认可意味着我们已经看到或听到了他人的经历,并且在心里也认可这种经历。例如,我们可以听朋友向我们倾诉他多么害怕公开演讲,并真心地接受他这一点。此时,我们自己对公开演讲的感受完全不重要,其他

第 1 章
认可是一种沟通方式

任何人的意见也不重要。

当真心认可他人的经历时,我们所做的事与共情会略有不同。同情或共情会让我们改变或扩展自己的参照,以便更好地理解他人的经历。认可则要求我们将他人的经历作为唯一的参照。他人的感受或想法可能并不令人愉快,或许不合乎情理、不受欢迎、不被允许,甚至难以理解,但这些感受或想法仍然值得被认可,因为它们是实实在在地存在的。

> **认可 TIPS**
>
> 认可他人时,要将他人的经历作为唯一参照。

不过,尽管这些概念之间的差异十分微妙,但这些差异在付诸实践时可能会使结果变得非常不同。例如,共情往往可以使人们感到被认可,但也并不一定。

举例来说,一个人可能会为遇到困难的朋友感到难过并完全感同身受,但同时并不完全认可他的经历,即"我真的为你感到难过,但我仍然认为你只是反应过度"。我们将在后文探讨如何将共情与认可相结合。

带着支持去认可
HOW TO LISTEN,HEAR,AND VALIDATE

认可是表达关怀最清晰的方式之一

据说,男女之间常出现的一种典型的争论是:女性可能对某件事情感到不安,并将其告诉男性,然后,男性开始试图找出解决方法,尽管女性一遍遍地说:"我只是希望你听我说说话!"

在应对负面情绪和帮助处于重压之下的人时,认可能发挥很大的作用。最初,心理学家是在援助有自杀倾向或深陷痛苦的人时认识到了认可的力量,他们很快就将认可这种技巧应用到了心理学的方方面面。毕竟,当人们寻求心理辅导时,通常只是在寻求安抚和慰藉。

2020年,宾夕法尼亚州立大学的3位研究员在《传播学刊》(*Journal of Communication*)上发表了一篇论文,描述了如何利用认可来改进安慰他人的方式。他们指出,人们使用的言语可以对安慰效果产生重大影响。

例如,当大多数人被告知他们应该有怎样的感受时,通常不会有很好的反应。大部分人会对"好了好了,现在别哭了"

第 1 章
认可是一种沟通方式

或"别这样,试着往好的方面想"之类的陈词滥调感到恼火。相反,单纯询问对方的真实感受可能会更有帮助。通过这种方式,对方得以表达自己的想法,得出自己的结论,然后决定下一步采取的行动。

3 位研究员还发现,在安慰他人时,最好避免使用试图淡化他人感受的言语。例如,如果有人向你倾诉他感到非常抑郁,那么告诉他只需要摆脱这种"小情绪"并好好睡一觉显然不是个好主意。

认可 TIPS

安慰他人时,最好避免使用试图淡化他人感受的言语。

诚然,你说这些话可能是出于好意,但实际上可能会产生相反的效果。如果有人感觉自己受到了别人的批判、控制、忽视或嘲笑,那么即使对方真心想要提供帮助,他也不太愿意接受。

不过,由于提供有效的建议通常是人们试图发挥作用的方式之一,所以这些话放到另一种情境下很可能就是有益的。有些人在沟通方面的确经验丰富,且满怀善意,但关键在于,认可并不同于这种沟通技巧。就目的和结果而言,认可与提供

带着支持去认可
HOW TO LISTEN, HEAR, AND VALIDATE

认可 TIPS

就目的和结果而言，认可与提供有效的建议或反馈完全不同。

有效的建议或反馈完全不同。

让我们再回到前文提到的男女之间常出现的典型争论上来。男性可能会说，他正在试图提供帮助，他的解决方案会奏效；而当一个完美的解决方案摆在女性面前，她却仍然感到不安时，男性便会觉得十分难以理解。女性可能会说，她并没有寻求建议或试图解决问题，她只是想要安慰，也就是获得认可。

在某种程度上，认可比大多数沟通技巧更能深入人心，会触及情感体验的核心。你可能善于倾听、富有同情心且充满智慧，并善于提供有效的建议，但如果对方需要的只是直接的认可，那你的这些优势就暂时发挥不了作用了。

那么，怎样才能表示对他人的认可呢？

记住，从本质上来说，认可他人时，我们是在告诉他们，他们的经历以及他们自己都是值得认可的。我们可以使用以下这些表达：

第 1 章
认可是一种沟通方式

- 你的这种感觉是可以理解的。
- 是的,这很有道理。我懂你为什么这么说。
- 你这样想很正常。
- 听说你在这方面遇到了困难,我也觉得很难过。
- 你能再多讲讲你的感受吗?
- 我明白你为什么会有这种感觉。

有时候,当我们对某人表达认可时,最好的选择是为他提供一些空间,让他做自己。通常,我们总会忍不住跳出来说些什么,但这是不合适的。

事实上,简单的一声"嗯"或只是倾听和点头,就足以传达共情和认可了。这样,对方才会感到我们更多地关注他,而不是试图将自己的解读强加给他。

认可的基础是以对方为中心。这意味着对方及其经历是最重要的,其他人的意见以及社会的期望、评判和批评都不该喧宾夺主。以某人

认可 TIPS

认可的基础是以对方为中心。

为中心意味着承认他本身是其内心体验的终极权威。

因此，如果对方表示自己对某件事感到害怕，尽管你和其他人觉得那件事并没有大不了的，你也应该相信他的话，并假定他内心真的感到害怕。

在正确的时间以正确的方式认可

那么，认可总是正确的吗？有什么是我们不应该认可的吗？例如，如果某人正在谈论或计划做出伤害自己或他人的行为，我们真的应该认可他吗？

再举一个没这么严重的例子，当某人向你抱怨了50次时，你是否仍然应该认可他？当你精疲力竭并且不希望别人把烦心事一股脑地推给你时，你还需要认可他人的经历吗？

认可不是万能灵药。有时候，认可会不合时宜，甚至可能带来负面影响。

第1章
认可是一种沟通方式

认可他人是人际关系的最佳模式和最佳沟通工具之一,这毋庸置疑,但它并非在任何情况下都适用于每个人。因此,我们仍然需要仔细评估形势,观察行为后果,并做出相应的调整。

本书不会重点探讨有关自恋型人格障碍或其他人格障碍的话题,但值得一提的是,当我们发现某人似乎在无止境地索取认可时,就应该谨慎行事。

自恋型人格障碍患者缺乏自我意识或共情力,无论我们多么真诚地认可他,他通常都无法与我们建立有意义的联系。他可能会完全接受我们给予的认可,还会提出更多的要求,并在这个过程中逐步侵犯我们的底线。我们可能很快就会发现,自己和对方陷入了一种不健康或相互依赖的关系中。

这是否意味着我们永远不该认可自恋型人格障碍患者呢?当然不是。只是我们需要更加谨慎地对待自己的行为,同时兼顾自己的需求和底线。

所有人都需要且应该得到认可,在这一点上,我们不能否定任何人,但在某一时刻,是否应该做出认可,由我们自己决定。

带着支持去认可
HOW TO LISTEN,HEAR,AND VALIDATE

认可通常是一件好事，但需要注意的是，有时仅凭认可本身是不够的。因此，我们需要对一些特殊人群提高警惕。

一是具有攻击性、做出非法或不当行为的人。例如，也许有人向你坦白了他做过的或计划做的坏事；也许有人在威胁你或者无理取闹。

虽然在一般情况下，你没有理由不倾听对方的故事、不认可他的经历并提出你的疑虑，也没有理由不同情他的遭遇，但此时，认可本身是危险的，很可能会使你成为共犯。

记住，给予对方理解和同情的同时，试着让对方采取正当、有益的行动。如果事态严重，记得报案。

二是能量"吸血鬼"。每个人都有脆弱的时候，并想要获得他人的认可与支持，这很正常。然而，如果你面对的是一个一直榨取你的精力却从未采取任何具体措施自救的人，你就需要守住自己的底线。

这种情况下，你可以这样说来帮助他："这听起来很难，那么你打算怎么做呢？"

第 1 章
认可是一种沟通方式

三是想要寻求建议或厘清思路的人。获得认可总让人感觉很好,但有时候,真正地理解和想明白问题才是最重要的。例如,如果你公司的某位员工正对绩效考核感到焦虑,那么你更应该做的是保持专业性,用事实和有根据的安慰来应对他的焦虑,而不是只关注他的情绪。

根据个人或情况的不同,有时告诉员工"你的绩效排名在你们部门的前三分之一,别担心,你很好"比"听到你说你担心自己的绩效,我很难过"更令人安心。

诚然,当我们做的只是倾听和认可他人时,几乎不会给对方带来伤害。不过,我们仍然应该适时地询问对方是否真的得到了帮助,并根据对方真诚的回答来决定我们进一步的做法。

带着支持去认可
HOW TO LISTEN, HEAR, AND VALIDATE

向上社交提升指南

如何搭建一场不中断的沟通？

许多沟通无法顺利进行，往往是因为一方由于得不到认可而不愿继续，而学会辨明认可与同情、共情等因素的区别，以及认可不适用的情况——除此之外都应尽量表达认可，就能促成完整的沟通。

- 认可与同情、共情都不同，同情是以自己的经历为参照来承认他人的经历；共情是指从他人的角度而非自己的角度来观察和思考；认可则是将他人的经历作为唯一参照，发自内心地承认他人的经历与感受。

- 认可并不适用于任何情况，要慎重对这3种人表达认可：一是具有攻击性、做出非法或不当行为的人，二是能量"吸血鬼"，三是想寻求建议或厘清思路的人。

HOW TO LISTEN, HEAR, AND VALIDATE

第 2 章

认可的 6 大步骤

认可并理解他人,
就是承认他的想法和感受是正常的。

HOW TO LISTEN, HEAR, AND VALIDATE

第 2 章
认可的 6 大步骤

认可是发自内心地接受

本章将进一步探讨,我们在认可他人时应该怎么说、怎么做。由于认可有不同的层级,因此,前文介绍的一些表达技巧并非适用于所有的情境。

这就要求我们学会在合适的时间以合适的方式认可他人,这是一项重要的技能。本章将介绍一个心理学领域的基本框架,这个框架包含认可的 6 个步骤,可以帮我们更好地理解认可的过程。

正如我们在上一章中了解到的,认可并非适用于所有情况,也不会一直都有效。这通常和认可的程度有关,即我们需要给出何种程度以及何种类型的认可。

带着支持去认可
HOW TO LISTEN, HEAR, AND VALIDATE

根据这个框架，认可有 6 个渐进步骤，每一步都建立在前一步之上。这意味着，如果我们想提供第 5 步的认可，就需要先完成第 1 步至第 4 步的认可。

不过，我们或许并不需要做到第 5 步的认可，因为有时候，前几步的认可就足够了。在某些情况下，认可只能止于某一步，我们无须也无法给予更多。

在这一框架之下，我们可以将认可视为沟通后的接受。需要记住的是，接受不等于同意，甚至也不等于理解，它意味着，我们将彼此的情感联系置于冲突和分歧之上。

接下来，我们具体探讨认可的 6 个步骤。

认可第 1 步，与对方同频

何为"同频"？与对方安静地相处、认真倾听、关注对方、点头、进行眼神交流，或者把手放在他的肩头，让他知道我们与他同在，这些都是同频的表现。

第 2 章
认可的 6 大步骤

与人沟通的最佳方式是积极倾听。要给对方一些非言语信号,如上一段提到的;还要给出一些言语信号,如可以时不时地回复"是的"或"然后呢"。

> **认可 TIPS**
>
> 与人沟通的最佳方式是积极倾听,并适时给对方一些信号。

这对对方来说是一种反馈,他会因此自然而然地表现得更加开放和真诚。相反,给出一些不痛不痒的建议或立即提出自己的看法,会显得我们没有关注对方,没有和他在一起,即没有同频。

在这一步,最大的难点可能是不加评判地接受我们自己和我们的情绪。由于更信任自己的主观感受,我们可能会为了打破沉默而做出否认或辩解的行为。有些人可能会对强烈的情绪感到不适,因为这些情绪会迫使人们直面某些自己曾经历过的与他人类似的情况。

例如,如果你正在经历一段艰难的时期,那么,即使对方传递出的是快乐的情绪,你也会感到难受。

因此,不要让自己的反应成为焦点,也尽量不要回避对

带着支持去认可
HOW TO LISTEN, HEAR, AND VALIDATE

方表达的情绪，这样才能获得对方的信任，让对方感到宽慰。

在任何情况下，我们都应该以开放而平静的心态接触对方、关注对方。我们不能像参加辩论赛那样说个不停，而要认真倾听，以便更好地了解对方的观点和感受。不过，要做到这一点，可能非常难，因为当我们关心并想帮助别人时，很可能会忍不住发表见解或提建议。

我们要在一开始就忍住这种冲动，将主导权交给对方，让他来发言，并真正做到认真听他说话。在这种情况下，我们大部分时间不需要进行言语交流，此刻，非言语交流的重要性便会显现出来。

> **认可 TIPS**
>
> 通过保持开放的姿态和坦率的面部表情以及将身体转向对方，来向其表示接纳。

可以向对方展示一些表示接纳的肢体语言，如保持开放的姿态和坦率的面部表情，将身体转向对方。同时，要放松。还可以与对方进行眼神交流，但主要是为了向对方表示在意和尊重，而不是审视。尽可能地回应对方的肢体语言，如果对方交叉双腿或把胳膊放在桌子上，

第 2 章
认可的 6 大步骤

那我们也可以这样做。

要远离干扰源。如把手机收起来,关掉电视,用身体表示"我现在就在这儿,我想听你说些什么"。此外,还要配合对方说话的语气和节奏及对方的"气场"。例如,如果对方安静且犹豫不决,那么我们也要安静下来,谨言慎行。

也可以鼓励对方敞开心扉。比如问对方:"你想谈谈吗?我洗耳恭听。"可以报以鼓励性的"嗯"或类似的声音,但这时,沉默通常更有奇效,它能激发对方的分享欲。

举例来说,假如你的室友刚回到宿舍,你发现他受到了惊吓。这时,你合上笔记本,转向他,露出关切的神情(可以简单地问他发生了什么事)。他说自己刚才险些遭遇车祸,还没从惊吓中缓过来。这时候,你不要说太多话,而要坐在他身边,听他讲述具体的经过,且不要打断他。

再比如,一位妻子告诉丈夫她想谈谈。接着,他们坐了下来,妻子开始解释一些困扰她的事情,并对丈夫表达了自己的不满。虽然丈夫很想立即回应她的指责,但仍然等她说完了才开口。

033

带着支持去认可
HOW TO LISTEN,HEAR,AND VALIDATE

尽管丈夫并不喜欢这些指责他的话,并且很想表达自己的观点,但他仍努力地听着,并从妻子的角度来看问题。当妻子说完后,他稍作停顿才开口解释。这样一来,妻子就不会觉得他一直都在等她闭嘴,以便自己能予以反驳。

认可第 2 步,准确回应

要做到准确回应,就要如实地回应对方,总结我们的所见所闻。很多人会觉得这一步很棘手,因为他们认为自己提供不了有价值的信息,同时也会加重他们在上一步中可能经历的不适。

如果你对此也有同感,那么请记住,你只需要让对方知道你在认真倾听他的话即可,无须向他提供任何个人见解。比如,你可以简单地对他说:"听上去你现在遇到了困难。"

难点在于,如何在不显得傲慢、

> **认可 TIPS**
>
> 如果与对方的观点相左,说话的语气就格外重要。

第 2 章
认可的 6 大步骤

虚伪或评头论足的情况下做出反应。语气至关重要,如果你与对方的意见相左,尤其要注意。记住,认可并不总是意味着同意。例如,如果你的朋友说他觉得自己不如其他员工那样努力,那么你不必告诉他这种感觉很正常,也不必以某种方式为他不那么努力地工作找借口。你可以简单地对他说:"也许你对自己的要求太苛刻了。"

在表达认可时,最重要的是你的反应要真诚,而不是你是否支持对方的观点。也许,你的不同意见会让他意识到,他出于某些缘故确实对自己太苛刻了。

如果对方只是想让别人听他说话,并且他的情绪很快就稳定了,那么到第 1 步就够了。但有时我们可能会发现,谈话会不自觉地转向我们对听到的内容的反应上。这其实是让对方知道我们在认真倾听的一种积极方式,因为当我们转述对方的话时,就是在做出回应。

不过,只有精准的回应才能表现出认可,而最简单的方法就是复

认可 TIPS

只有精准的回应才能表现出认可,而最简单的方法就是复述听到的内容。

带着支持去认可
HOW TO LISTEN, HEAR, AND VALIDATE

述我们听到的内容。我们可以进行总结，重申最重要的部分，或者分析对方的一些深刻感受。例如，如果有人向你倾吐了一长串当天发生的烦心事，你可以回复他说："嗯，看来你今天遇到了不少糟心事儿。"

不要担心自己的表述听起来过于肤浅。我们的回应就像是在帮助对方讲述他的故事，可以让他知道我们在听，而且我们也明白他的感受。这能让对方知道，他想要表达的信息已经落到实处，双方的沟通正在发挥作用。

不必为了说出对方的感受而进行一些卖弄聪明的猜测。如果不确定对方的想法，可以随时提问。提问能进一步向对方表示我们在专注地倾听，并承认他说的话很重要。提问可以促使对方不断地分享，并帮助他得出更明确的结论。以下这些问题通常很有用：

- 好的，我想知道你说的是什么意思，你能再多说点儿吗？
- 你是怎么想的？
- 你认为接下来会发生什么？

第 2 章
认可的 6 大步骤

- 你能说说更多关于……的事吗？

尽可能避免直接问对方"你感觉如何"，尽管这并不是个不好的问题，但会让人觉得没有多大的意义。

例如，有人刚刚详细地讲述了一桩复杂的母女吵架闹剧，而你对某些细节感到困惑。这时，提问可以表明你很关心这件事。用"你妈妈和你妹妹的关系如何"或"你担心她们在你不在场时讨论过这个问题吧"等直接的问题来确认你的理解是否正确，这不仅表明你想理解对方，而且也说明你以对方为中心——这本身就是一种认可。

提问不仅是为了让自己明白。例如，你可能很清楚某件事的来龙去脉，但提出一些问题可以传达你对对方的认可，并鼓励他继续说下去。如："你妈妈和你说了她与你妹妹的谈话。接下来又发生了什么？"

其实，提问和陈述都可以达到同样的效果。无论我们的表述是提问，还是试探性的陈述，本质上都是在问："我理解得对吗？对你来说，情况是这样的吗？"

带着支持去认可
HOW TO LISTEN,HEAR,AND VALIDATE

认可第 3 步,读懂对方没说出来的意思

这或许很难。每个人在情感素养和理解他人的能力上都有所差异。另外,我们在表达时并不总能明确自己的感受,可能所说与所感并不相同,也可能是习惯于掩饰自己的真实体验。

在这一步,要明确指出对方没明说的情绪和想法,这是上一步的自然延伸。比如,你可以说:"听上去你现在遇到了困难,你是不是对发生的事情感到不知所措?"

这一步的难点是如何尽可能地摆脱自己的偏见和期望;另外,如果对方告诉你他并非感觉如此,就要放弃自己的猜测。错误地解读他人的处境,事实上就是一种不认可,就好像你没有听懂对方的话或另有看法。

尽可能地根据自己对对方的了解,想想他通常或过去对类似的情况会有怎样的反应,他现在很可能也会有同样的反应。有些人在某些情况下会说特定的话或做出特定的行为,如在心烦意乱时说话往往比较简短。要留心这些线索,然后利用它们来解读对方的想法。

第 2 章
认可的 6 大步骤

完成了第 2 步以后,我们可能会发现自己自然而然地过渡到了这一步:我们会更直接地描述对方的经历。我们已经倾听并帮助对方讲述了他的故事,接下来要做的,就是给他的故事增添更多的细节。

通常,当一个人感到不安或情绪激动时,他的思绪可能不会特别清晰。他需要先表达自己的情绪,然后才能处理和整合自己的经历。

在这一步,应尽量避免加入自己的看法。要把自己想象成一名向导或一名助产士,帮助对方讲完他的经历,而不要过多地主导谈话。

有时候,当一个人感到不安时,只是说出自己的感受就会好很多。如说出"我现在感到很失落",就是向体认自己的经历迈出了一步。

在解读的过程中,我们应该试探性地提供可能可以捕捉到对方感受的情绪词,这样能帮他得出自己的解释和结论。当然,我们不能直接向对方说"你很沮丧"之类的话来直白地猜测对方的感受。可以试试以下这些表达:

- 在我看来，好像……
- 我想知道是不是这样……
- 你现在看起来很生气/不安/害怕/困惑。（语气温和，不加评判）
- 你觉得这会让你感觉到……吗？
- 我看得出你很受伤。
- 从你说的话来看，你似乎对整件事感到很……

举例来说，有人可能会向你历数他的某个朋友做过的令人恼火的事情，并列举这个朋友如何一次次地冒犯他，包括最近的一次争吵。但你在倾听的过程中注意到，他实际上并没有直接表达自己的感受。这种感受对你们双方来说可能显而易见，但你仍然应该试着点明，比如向对方说："啊，看来这段友谊存在不少令人失望的地方。"

通过给这些经历添加适当的情绪词，你不仅证明了自己在听对方说话，也证明了自己能将他提供的信息整合起来，并将之放在更大的背景下考量。这有助于推动对话的进展。对方可能会说："是的，没错，我们最近似乎对彼此越来越失望了……"

第 2 章
认可的 6 大步骤

虽然你的任务不是告知对方他的感受是什么,但当你将对方的情绪点明时,他或许会更清晰地认识自己。如果一个朋友向你抱怨他受够了自己女朋友的男性友人,你可以稍作停顿,然后对他说:"我想,你是不是'吃醋'了?"

> **认可 TIPS**
>
> 你的任务不是告知对方他的感受是什么,而是点明对方的情绪以让他更清晰地认识自己。

即使你的解读出现了偏差,只要没有到令人难以接受的程度,对方很可能仍会感激你。他可能会纠正你,但在这个过程中,他会再次大方地分享自己的感受,这不失为一种双赢。

认可第 4 步,以对方的经历为中心

以对方的经历为中心,意味着我们应从整体上了解对方。例如,他是否经历过一些事情,因此变成了现在的模样?他特有的生活状况是如何影响他的倾诉方式的?你可以这样对他说:"嗯,你现在对这些事感到不知所措是正常的,因为你最

带着支持去认可
HOW TO LISTEN, HEAR, AND VALIDATE

近经历了这么多重大变故。"

在这一步,我们要传达一种强烈的感觉,即我们了解对方,也知道他的经历对他来说很特别。我们要以对方为中心,关注他的世界并置身其中,体会他的感受。

在这一步,我们仍然不需要给出自己的解释,而应该帮助对方将他的想法汇集在一起,让他自己得出结论。

> **认可 TIPS**
>
> 认可某人并以他为中心就是在告诉他,他的观点值得认可,他讲的事和他对这件事的感受合情合理。

认可某人并以他为中心时,我们是在告诉他,他的观点是值得认可的,他讲述的事情和他对这件事情的感受是合情合理的。例如,可以对对方说:"我完全理解你为什么会对这种事感到惊慌失措。毕竟,过去你在这类事情上有过不好的经历,你现在有这种反应很正常。"

通过承认他人特有的视角和个人背景,我们可以给予对方充分的认可,让对方真正感觉到自己被关注、自己的话有人听。下面是一些表示认可的表达,可以直接使用,也可以根

第 2 章
认可的 6 大步骤

据对方的个人背景或其他情况适当地进行调整和拓展。

- 我完全理解为什么这种情况让你有这种感觉。
- 考虑到你是一名女性／外国人／体操运动员,我可以理解你为什么会有这样的反应。
- 你说的对我来说很有意义。
- 你这样想是可以理解的。
- 嗯,你这样想是有道理的,我完全理解。

举例来说,如果有人告诉你,他曾遭遇暴力犯罪,现在正与创伤后应激障碍做斗争。此时,你可以先倾听他的表述,然后提几个问题,从而帮助他将这种焦虑的感觉具象化,这样你就可以做出回应。

接下来,你可以用一些模糊的表达来概括他的经历,如"我知道你一直承受着很多压力",同时将其置于更大的背景中,如"你经历了那种事情,有这样的感觉并不令人感到意外"。

带着支持去认可
HOW TO LISTEN, HEAR, AND VALIDATE

认可第 5 步，避免评判

认可 TIPS

要让对方知道他并不奇怪、没有犯错或并不糟糕，他的经历是完全正常甚至是常见的。

认可的一个很重要的方面，是让对方知道他并不奇怪、没有犯错或并不糟糕，他的经历是完全正常甚至是常见的，即避免评判。如对对方说："我敢肯定，如果别人像你一样遇到那么多的事情，他们也会感到压力很大。"

评判和认可不会同时出现。认可他人时，我们会认可他的经历，承认这些经历属于他自己，无论经历是好是坏。如果以评判的眼光看待对方，我们就无法做到这一点。

也许我们不同意某人对某件事的评价；也许我们认为他很傻或遗漏了一些关键信息；也许他正在生我们的气，而我们想为自己辩护；也许我们无法完全理解他的反应，因为对我们来说，他的反应确实不合理；等等。

但我们要做的就是告诉他，他的经历是可以接受的，我们不会因为他经历的事情而评判他。我们不需要同意他的观点，不必评判他的讲述方式，也不必将我们自己代入他所关注的事件中，无论我们与他如何不同，都可以告诉他，他有权利这样想。

> **认可 TIPS**
>
> 要告诉对方，他的经历是可以接受的，我们不会因为他正在经历的事情而评判他。

许多人都曾有过这样的经历：向他人寻求支持、同情甚至一句善意的唠叨时，却只得到了一顿评判。人们都希望自己得到认可，被人倾听，然而常常事与愿违，倾听的一方可能会开始进行事实调查，试图找出问题所在以及原因，甚至想找出"正确"的答案。

还有一些人可能会将他人的情绪视为威胁，并对此感到尴尬和不适。例如，某人可能无法认可和接受自己心中的悲伤情绪，所以当他在别人身上看到这种情绪时，他会做出不当的反应。这时，他会做出评判，如"你反应过度了，没那么糟"或"别这样，你太扫兴了，赶快振作起来"。

带着支持去认可
HOW TO LISTEN, HEAR, AND VALIDATE

当我们抱着不评判的态度来对待对方的感觉和经历时,我们会告诉他,所有这些都值得被认可。虽然某些情绪会令人感到不适或难以应对,但这并不意味着正在体验这种情绪的人做错了什么。

不过,当我们试图认可和帮助他人时,可能会发出一种与上述表达相反的评判,而这种评判也不合时宜。如"你终于感到悲伤了,这样很好"或"去吧!狠狠发泄一下吧",这也是在对对方的感受进行某种价值评判。

我们需要抛开特定的情感、思想和经历,关注它们背后的那个人。我们应该对对方说:"没关系,你可以做自己,你怎么想都可以。"每个人在内心深处都想确认自己不是坏人,没有做错事,这并不奇怪。得知自己不是唯一有某种感受的人,能让人好受很多。

> **认可 TIPS**
>
> 得知自己不是唯一有某种感受的人,能让人好受很多。

以下是一些避免评判的表达:

第 2 章
认可的 6 大步骤

- 我想，大多数人站在你的立场上都会有这种感觉。
- 你这样想完全正常。
- 我也会难过的。
- 有这些想法并没有错。
- 并不是只有你会这样想。
- 嘿，我很高兴你告诉我你的感受。

有时候，表达我们觉得某件事很正常或很认可某件事的最佳方式，不是说了什么，而是做了什么以及没说什么。尽量避免评判他人的某些想法和感受是好是坏，也不要对他人感受的强度或恰当性加以评论，如暗示对方某种情绪过强或过弱。

> **认可 TIPS**
>
> 不要评判他人的想法和感受，也不要评论他人感受的强度或恰当性。

举例来说，假如有个孩子向他的母亲透露了一个相当令人震惊的秘密，他的母亲谨慎以对，并没有表现出惊恐。她反而对孩子说："我很高兴知道了这件事，你确实应该告诉我，你对此感到不安是可以理解的。"

带着支持去认可
HOW TO LISTEN,HEAR,AND VALIDATE

通过上述表达，这位母亲传达了这样的信息：孩子的感受是值得认可的，她接受并欢迎孩子向她求助、与她分享自己的想法。当他人处于困境时，表明这样的立场会非常令人安心。

避免评判也可以表现得简单而自然。例如，有人向他的心理咨询师倾诉了一些事情，并以"我相信你已经在实践中看到了更重要的问题"作结，心理咨询师可以这样回答："你的问题很重要。很多来找我的人都和你有同样的担忧。"

认可第 6 步，向对方袒露内心和脆弱感

要做到袒露内心，我们需要在情感上更深层次地接受对方，在个人层面上向对方伸出援手，重视彼此共通的人际关系和人生经历。

在这一步，我们可以透露一些自己的情况或表现出一些脆弱感。然而，无论做什么，都应该是真实的表达，以表明我们真正理解对方的倾诉。需要警惕的是，不要把话题全都

第 2 章
认可的 6 大步骤

转移到自己身上,让对方觉得我们主导了这次谈话。

不同程度的认可适用于不同的情况,这取决于双方的背景与关系。当然,当朋友向我们寻求帮助时,没必要死记硬背这 6 个步骤。这个框架强调的是,要将认可放在一个滑动的标尺上,即在对当下的情况做出正确的解读之后,再给予相应的认可。

认可 TIPS

不同程度的认可适用于不同的情况,这取决于双方的背景与关系。

当某人向他人寻求帮助和支持时,他最不愿让人看到的是,他这样做以后,自己显得软弱或犯了错。向他人敞开心扉时,人们都希望对方能理解自己说的话,因为对方也是人,也经历过痛苦、失落、困惑或其他负面情绪。

如果倾听者能相应地向倾诉者敞开心扉,倾诉者就会觉得自己得到了极大的肯定,倾诉者才能真正地知道并体验到自己很正常、不孤单。

这是展现真正的人文关怀与理解的有效方法。想要做到这一点，我们可以试着向对方讲一些自己的经历。这并不是要扰乱谈话的主题或转移对方的注意力，而是为了让对方知道，我们也曾有过类似的感受，如"去年我父亲去世，我记得当时我也有这种感受"。

> **认可 TIPS**
>
> 表现出脆弱感可能会为对方带来更强大的力量。

少说多听总是好的。我们没必要非得提一些对方到底该怎么做的建议，也没必要讲述关于自己曾如何在相似的情境中保持乐观的故事，有时候，表现出脆弱感可能会为对方带来更强大的力量。

不要为了表达观点而讲故事，也不要偷偷地加入一些建议。例如，有人向朋友说："我父亲去世后，我开始慢跑。这是唯一能让我保持理智的方式（我认为你也应该这样做）。"他其实是在向朋友表明，他对朋友的情绪一清二楚，但这无益于双方的沟通目标。

这一步的重点其实是做出真诚的反应。要诚实地表达。可以简单地对对方说"我知道你的感受"，当然，如果能证明自己真的知道，就更好了。如："我有没有告诉过你，去年我也遇到了同样的事情？"如果无法联系自身来认可对方，那么最好直接承认，千万不要为了匹配对方的经历，把自己的经历硬塞进去。

在这个过程中，不必试着解决任何问题、提供任何解决方案或意见、建议，不必与人争论、指责他人或找出"真相"，不必判定某人的反应是否合理，也不必试图通过说一些明智的话或用自己的经验作为鼓舞人心的例子来"帮助"对方。

> **认可 TIPS**
>
> 如果无法联系自身来认可对方，最好直接承认，不要为了与对方的经历匹配就硬塞进自己的经历。

认可的过程有时需要一小时才能完成，且可能多次折回到之前的步骤中。倾诉者可能想要深入挖掘，重新描述一些事情，或者要将故事再讲一遍，甚至可能会向我们征求意见，然后才能继续谈话。当然，这个过程也可能会在一分钟内结束。事实上，认可的展开方式只取决于以下两件事：

- 接受认可的人的需求。
- 给予认可的人的能力、局限和技巧。

在现实中，上文提到的6个步骤是互相支持且彼此交融的，每一步都包含不同的技巧和方法，它们的效果会因交谈对象的差异而有所不同。

第 2 章
认可的 6 大步骤

● **向上社交提升指南**

如何让谈话越来越深入？

许多谈话在进行很久之后仍然无法深入，往往是因为倾听者没有向对方表达持续的、深入的认可，我们可以依据认可的 6 个步骤，逐步认可对方。

- 认可的 6 个步骤包括：与对方同频、准确回应、读懂对方没说出来的意思、以对方的经历为中心、避免评判、向对方袒露内心和脆弱感。

- 帕特里克·金针对上述 6 个步骤，提出了相应的 6 种实践做法：用倾听实现同频、用提问表达回应、用情绪词进行解读、通过深入了解来做到以对方的经历为中心、通过共情来避免评判、抱持真诚之心来向对方袒露内心和脆弱感。

HOW TO LISTEN, HEAR, AND VALIDATE

第 3 章

当认可无望,如何在不认可中寻找出路

倾诉或寻求安慰通常不是为了解决问题，
而是希望被倾听和理解。

HOW TO LISTEN, HEAR, AND VALIDATE

第 3 章
当认可无望，如何在不认可中寻找出路

不被认可的痛苦

前文中，在谈论认可时，我们也谈及了它的反面，即不认可。不过，人们表达不认可时很少会像"嘿，你这样想糟透了，你根本不像正常人"这样直白。事实上，人们做出不认可的行为往往很偶然，甚至他们的本意很可能是提供帮助。

当人们不被认可时，通常会感到莫名的难过——毕竟，倾听者不也只是想帮忙吗？

举例来说，假如有一群朋友注意到，詹姆斯最近表现得很怪，一直拒绝他们的邀请，看上去有些孤独。今天是圣诞节，大家通常会聚在一起吃东西、聊天，但詹姆斯说他不想去。于是，大家决定这天在詹姆斯家碰面，鼓励他振作起来。

带着支持去认可
HOW TO LISTEN,HEAR,AND VALIDATE

到了詹姆斯家后,他们忍不住问詹姆斯怎么了。

詹姆斯说他情绪有些低落,不想参加社交活动。他最近刚和女朋友分手,心情很差,感到很挫败。朋友们都认为詹姆斯以往并不是这样的人,于是立刻开始鼓励他:

别这么说自己!没有她,你会过得更好!

失败?别这样,老兄,这可不像你说的话。

打起精神来!

尽管詹姆斯越来越尴尬,但朋友们仍然围在他身边,不停地赞美和鼓励他。后来,他们甚至决定把詹姆斯带到酒吧去,让他忘掉烦心事。他们的建议一个接一个:"你应该去健身,很快就会好起来的。""你应该重拾信心,开始一段新恋情。""你需要补充维生素 D,相信我。"……

那一天结束时,詹姆斯感觉比以前更糟了。虽然身边都是关心他的朋友,但他现在痛苦地意识到,他无法真正地拥有或表达自己的感受了。除了因分手而感到失落,他现在还要为另一件事感到难过:他对分手的反应过度了,这会令人感

第 3 章
当认可无望,如何在不认可中寻找出路

到不适,会给人添麻烦。不然,他的朋友为什么会想尽办法转移他的注意力呢?

如果詹姆斯有足够的勇气坚守自己的立场,向朋友清晰地表达自己的感受,坚定地表明自己不想出去,那他可能会有更好的感受。如果他能更明白自己的负面情绪,或许就能更坚定地将它们说出来。

接下来,我们将从两个方面来讨论不认可行为,弄清楚我们怎样才能避免不认可他人以及克服他人对我们的不认可。与此相关的另一个概念是自我认可,即我们如何避免无意识地自我不认可。

什么是不认可

不认可是指否定某人的想法、感觉、经历,或者从根本上否定他整个人。每个人都希望自己被注意到、被他人接受和认可。因此,对他人的不认可行为可能会给对方带来很大的不良影响。

带着支持去认可
HOW TO LISTEN,HEAR,AND VALIDATE

当一个人不被认可时,他会觉得自己的经历、感受、观点、信念、偏好、界限和对某件事的解读,在某种程度上可有可无。在不被认可的情况下,人们会觉得自己的行为不合理、不理智或不正确,还会觉得自己不被需要或不重要。

不认可对每个人都会产生影响,尤其是对正在学习认识自我、认识世界的儿童影响最大。如果一个人在人生的早期阶段长期不被认可,那他可能很难真正地确立自我意识,无法进行自我表达或理解自己,甚至会被深深的羞耻感或自我怀疑困扰。

被人认可后,人们通常会感到安心;反之,人们会对自己的存在感和自我价值产生怀疑。事实上,许多成年人的心理问题和心理障碍可能是源于儿童时期的认可缺失。

这听起来可能很夸张,但持续不断的不认可最终的确可能会让人产生一种顽固的观念,即自己不该存在或自己的存在从某种程度上说就是个错误,自己根本不值一提。

> **认可 TIPS**
>
> 认可能为身份确立和身心健康提供基础,让人能与他人沟通并建立有意义的联系。

第 3 章
当认可无望，如何在不认可中寻找出路

在某些情况下，它甚至会被别有用心的人加以利用。而认可可以为人的身份确立和身心健康提供基础，让人能与他人顺利沟通，与他人建立有意义的联系。一旦这个基础被动摇，人的各个方面都会受影响。

很多人都体会过不被认可的滋味，却很难在它发生时准确地察觉出来。一旦习惯了不被认可，人们甚至会觉得这很正常。

不认可有多种表现形式，可以很夸张，也可以很微妙；可以是短暂的，也可以是持续性的；可以是有意识的，也可以是无意识的；可以以言语的方式表现出来，也可以以非言语的方式表现出来。

有时，不认可行为可能并非出于有意。许多人经常对他人表示不认可，可能是因为他们从小就被告知不被认可是很正常的事，或者他们自己长期自我不认可。他们可能很排斥他人的负面情绪，或者想帮忙但不知该怎么做。

然而，不认可行为有时可能是有意的。有些人确实会有意识地不认可他们想控制的人。

带着支持去认可
HOW TO LISTEN, HEAR, AND VALIDATE

比如，在煤气灯效应（gaslighting）[①]中，被操控的一方会被引导不要相信自己的感知，常见的手段之一就是让他们觉得自己不正常。

所有的不认可行为都有一个共同的核心，即告诉对方"你的经历很难被接受"。这种行为常有不同的形式，比如：

轻描淡写："别人比你更惨，你有什么不高兴的？""成熟点儿，这没什么大不了的。""我很遗憾你会这样想。"（尤其是当它取代道歉时）

拒绝："这是错误的做法。""不要把自己降低到那个层次。""只有自私的人才会走不出来。"

不以为然："哦，你终究会克服的。""这没什么。""哦，你就是在经历中年危机而已，不是吗？欢迎加入中年危机俱乐部。"或者在对方说话时干脆心不在焉，把对方说的话抛在脑后。

否定："我不想再听到这件事了。""当你恢复

[①] 一种心理操控手段，是指对受害者施加的情绪虐待和操控行为，让受害者丧失自尊，怀疑自己。——编者注

第 3 章
当认可无望，如何在不认可中寻找出路

理智之后，再来找我谈。""那件事从未发生过／你从未说过。"或者只是假装没听见对方说的话。

操控和评判："你太过分了，应该冷静下来。""你又在小题大做了。""你这样做没有任何意义。"或者沉默不语。

指责："为什么你总是觉得每件事都有问题？""你这样说，又让大家不高兴了。""好吧，难怪他们那样对你，你确实惹人不高兴了。"

在现实生活中，无论是上述哪一种行为，都会让人感到不被认可。显然，任何形式的不认可行为都可能带来可怕的影响：不被认可的人会感到被疏远，感觉自己毫无价值、迷茫无措。

还有一些非言语行为也意味着不认可。例如，如果你翻白眼、总是被其他事情分散注意力、无聊地啃指甲或做出任何评判性的面部表情，那么你的态度不言自明。

不认可行为会在人际关系中引发冲突，侵蚀双方的信任感和亲密度，阻碍彼此的沟通。

带着支持去认可
HOW TO LISTEN, HEAR, AND VALIDATE

如果一个人成长于从来没有人关注、承认和接受其感受的家庭，那么他成年以后，要成为一个了解自己的感受、表达自己的脆弱并认可他人情绪的人，将会非常困难。换句话说，不被认可的人往往会继续否定自己和他人。

如果你在自己身上发现了上述情况，那很好。毕竟，承认自己并非总是尽最大努力关注和支持他人是一件很难的事情。

有时，我们所处的文化背景和工作场所也会助长不认可行为。例如，父母被告知要适当忽略孩子的情绪，因为他们认为这样能帮助孩子坚强起来或让他们长记性。又如在工作场所，诚实表达情绪的人可能会受到惩罚，而情感迟钝、性情淡漠的人则可能获得奖励。

在很多情况下，避免不认可行为是成为善于认可之人的第一步。上一章介绍的表达认可的方式无疑能向我们的谈话对象表达善意与关切。然而，如果在整个过程结束时发表诸如"太好了，我很高兴你的小情绪终于闹完了"这样的评论，那我们之前的一切努力都会付诸东流。

想成为一名优秀的沟通者，就要警惕那些在无意识情况

第 3 章
当认可无望，如何在不认可中寻找出路

下做出的不认可行为。令人感到遗憾的是，认可并不是一种能直接传授的技能。我们可能已经养成了很多不良的沟通习惯和心理预设，在面对感到脆弱或处于痛苦中的人时，这些习惯和预设实际上会给对方造成很大的伤害。

> **认可 TIPS**
>
> 想成为一名优秀的沟通者，就要警惕那些在无意识情况下做出的不认可行为。

例如，一位新手妈妈在分娩后的几周里感到极度痛苦，她向一位朋友倾诉了一些非常"黑暗"的想法。这位朋友试图安抚她，以缓解这种情况，但当朋友最终说出"你这只是产后抑郁，别担心，我保证它会过去的"这句话后，她传达出的就是不认可。这位新手妈妈的痛苦感丝毫没有减轻，甚至还因为提起这件事而生出羞愧的感觉。

再比如，一名心理医生试图让紧张的患者放松下来，于是她说："别担心，我以前也见过这种状况，相信我……有人的情况比你严重得多。"这句话不但没能让患者平静下来，反而让患者觉得自己虽然很痛苦，但他的问题在医生看来没有其他人的问题重要。

此外，不认可他人的正面情绪也会给他人造成巨大的伤害。例如，有人嘲笑朋友在去主题乐园时像孩子一样兴奋，嬉皮笑脸地说朋友太夸张了，想让他平静下来。他没有意识到朋友在儿时从未有过这种经历，他要求朋友平静下来这一举动，使朋友为一个本来很快乐的时刻感到羞愧。

在上述例子中，提建议的人不一定都不善于沟通，当然也没有坏心眼，但他们都表现出了不认可行为。若要掌握认可的诀窍，就要注意潜在的不认可行为。接下来，我们来了解一下不认可的具体表现。

不认可的4大表现

不认可的表现之一，是破坏性言语。决定认可的效果的关键并不在于说什么，而在于说话的方式。

如果你认为在沟通中只有实际说出来的言语内容才有意义，那么通常会导致不认可行为的发生。说话的方式和传递的非言语信息同样重要，甚至可能比言语信息还重要。例

第 3 章
当认可无望，如何在不认可中寻找出路

如，同样是"你为什么这么做"这句话，以不同的语气说出来，效果会完全不同。当我们的姿势、动作、面部表情和语气发生变化时，这句话的表达可能会从温和、好奇的询问变为全面的指控。

因此，如果不想不认可他人，就应该避免使用直白而带有敌意的言语，也要避免不尊重人或使人感觉不适的负面表达。

> **认可 TIPS**
>
> 谨慎使用"但是"，它很容易抵消积极信息，并强化消极信息。

此外，不认可还可能以转折的形式传达出来，如随意使用"但是"一词。这个词常能抵消任何积极信息，并强化消极信息。例如，如果你说"这很好，但我对第二页有些疑问"，对方听到的可能只是"我对第二页不满意"。

一种很好的技巧是用"接下来"代替"但是"，或者干脆不用"但是"。"这很好，我还有几个关于第二页的疑问"听上去更容易让人接受，不是吗？"但是"这个反驳性的词语很容易让人不快。例如，如果我们道歉时对别人说"我很抱歉，但是……"，这根本就不像在道歉。

带着支持去认可
HOW TO LISTEN,HEAR,AND VALIDATE

为了更好地表达认可，我们还要避免使用对抗性言语，比如不要用"你"来称呼对方。因为在某些场景下，使用"你"来称呼对方可能会将对方置于对立面上，让人感觉咄咄逼人，甚至带有攻击性。

尽量避免直接描述对方的想法和感受，如不要对对方说"你现在只是累了"，即使你相信的确如此。避免使用"应该""必须"等词语。不要把关注点落在对方应该怎样想、怎样做上，相反，谈论他的实际感受或已经做了什么更有用。同样，"总是""从不""完全"等词语也可能会让人感觉刺耳，从而影响谈话效果。

进行陈述时，以"我"作为主语，这是一种对自己的观点负责的表现，也能尊重对方的观点。如"你把我搞糊涂了"与"我糊涂了"有很大的区别。不要"诊断"对方，也不要评价对方的行为或替对方解释他的经历。分享你自己的想法，并邀请对方分享他的想法，但不要指责、评判或假设。

不认可的表现之二，是评判性态度。很少有人会意识到自己总在评判他人。但每当我们审视某一事物时，就会自然而然地做出价值判断，这是无法避免的。当有人向我们倾诉

第3章
当认可无望，如何在不认可中寻找出路

时，我们会下意识地产生自己的观点和价值判断。事实上，这几乎是人类的一种本能，而且往往不易察觉。

听别人说话时，我们要先试着放下这样的想法：我的责任是找出谁应该受到责备，或得出"正确"结论。例如，有人向你抱怨他受到了侮辱，于是你进入侦探模式，试图确认他所谓的侮辱是否真的存在、有多严重以及他的哪些权利受到了侵犯。当把自己置于道德评判者的位置上时，我们就关上了共情和认真倾听的大门。

> **认可 TIPS**
>
> 听别人说话时，要放下追究谁应该受到责备或试图得出"正确"结论的想法。

当一个人表达自己的想法时，相比于得到完全的肯定或被人指出错误，他更希望有人能认真倾听自己。倾听者在对话关系中占有相对优势的地位，正因如此，他们可能会认为，他们要做的就是根据自己的世界观来框定自己听到的故事，并决定哪些反应和感受是正确的，而这可能会使倾诉者深感不被认可。

当我们在试图确定某种情绪或行为是否适度时，就是在

带着支持去认可
HOW TO LISTEN, HEAR, AND VALIDATE

做出评判。当我们有意无意地表示某人反应过度或反应迟钝时,就是在表达不认可。例如,"这没什么大不了的"或"这件事更需要担心",这两种表达就是在评判对方情绪的强度。但实际上,我们无权告诉他人应该怎么想。

> **认可 TIPS**
>
> 在倾诉或寻求安慰时,人们很少是因为不知道如何解决问题,而是因为希望被倾听和认可。

不认可的表现之三,是提建议或试图解决问题。我们需要不断提醒自己:别人向我们倾诉或寻求安慰时,很少是因为不知道如何解决问题,而是因为希望被倾听、被认可,并在遭受磨难时感觉有人支持自己。换句话说,这不是现实问题,而是情感问题。当我们向对方提供了实用的建议,却将他的情感需求忘在一边时,就可能会让他感觉不被认可。

我们试图解决问题的想法往往出于好意,但这种想法可能会令对方感到被忽视。因此,不要为了急于提出解决方案而将对方的感受一带而过。对方很可能早已经知道该做什么、该怎么做了,他只是需要有人能倾听、安抚、接受他,让他放下心来。

第3章
当认可无望,如何在不认可中寻找出路

提出解决问题的方法有许多需要留心的微妙之处。比如,问对方"你考虑过……吗"可能不太合适,尤其是显而易见的、对方应该已经考虑过的事情。

另外,不要把激励他人或解决他人的问题当作自己的责任。如果我们表现得好像问题很简单、很容易解决,那么本质上就是在否定对方遭遇的困难和挣扎。这就像在说:"看吧,如果你能像我一样清楚地想到解决方案,你就不会这么难受了!"

提建议也不总是好主意,除非对方明确要求。尽量避免直接说"如果我是你……"或"关于这个问题,我通常的做法是……"等话。这些建议可能适用于我们自身,但并不一定适用于他人。记住,对方的事与我们完全无关。

不认可的表现之四,是不真诚。关于如何安抚他人,我们心中往往有一些根深蒂固的模式。我们甚至可能没有意识到,自己默认了一些陈词滥调式的表达方式,如"这让你感觉如何"或"会好起来的"。

尽管给出这些模式化回应的人的动机或许是真诚的,但

事实上，这些回应往往听起来并不真诚。通常，仅仅脱口而出一句"自动回复"或大道理并不会带来实际的效果。不妨想想那些无聊的格言警句，如"时间可以治愈一切创伤"或"你比自己想象的更强大"。

若想真正做到认可，必须令人感觉真实。

要让对方感受到，他面对的是一个发自内心地真正理解和接受他的人。许多人都认为自己满怀善意、富有同情心，但事实上，对其他人来说，他们听起来极其傲慢且令人恼火。

例如，头部微微倾斜、露出表示"关心"的表情或一句听上去假惺惺的"啊，你太惨了吧"，很可能会被视为一种侮辱或拒绝，而不是真正的关心。

此外，"你会没事的，我保证"或"一切都会好起来的"也都是空话，不仅无法安抚对方，而且会让对方觉得我们没有认真倾听，也没有真诚的话要说。毕竟，谁知道事情以后会如何发展呢？即使对方将来会好起来，他又该如何应对当下的不良情绪呢？

第3章
当认可无望，如何在不认可中寻找出路

走向自我认可，超越他人的否定

接下来我们要探讨的是，如果我们感到被人不认可，该怎么做？通常，人们不认可他人的原因有很多，包括单纯的无心之过。需要记住的一点是，他人的不认可行为与不被认可的人无关，它并不能反映当前情境中不被认可者作为人的价值。

情绪、想法和生活经历本身都无错，它们的存在本身即合理，并不需要由其他人（或我们）来决定。当一个人感觉自己不被人认可时，他的反应可能会像受到伤害一样，想要为自己辩护。他可能会加倍努力地寻求他人的理解或安慰。

所以，在迫不及待地做出反应之前，我们应该先问自己几个重要的问题，以确定是否值得和那些不认可我们的人理论一番。问问自己：这个人与我是否很亲近？他过去是否真正尝试过理解他人？是否值得花时间和精力去指出他的不认可行为？他的意见对我来说是否重要？现在是不是指出这一点的正确时机？如果以后再提，会不会有更好的效果？考虑了这些问题之后，如果认为现在就应该做出回应，那么可以采取以下步骤：

带着支持去认可
HOW TO LISTEN,HEAR,AND VALIDATE

- 首先，不要全盘接受别人对我们的不认可。直面它带给我们的感受，但要知道，它并不能定义我们或我们的经历。

- 其次，冷静地与对方沟通，以"我"为主体陈述这种不认可行为对我们的影响。

- 再次，根据对方的行为对我们的影响，明确自己可以接受的限度，或选择彻底结束对话。

- 最后，如果某人经常不认可我们，也许是时候考虑一下双方的关系在生活中的价值了。

需要牢记的一点是，不能陷入一场关于不认可行为或对认可的渴望是对是错的辩论中。我们只是在为自己想要得到怎样的对待而设定边界。这一边界应该在哪里，完全取决于我们自己，并且可以根据我们被不认可的具体情况而有所变化。

在学习认可他人的过程中，我们也会变得更善于维护自己的信心和边界。使用一些心理暗示或警句

> 认可 TIPS
>
> 在学习认可他人的过程中，我们也会变得更善于维护自己的信心和边界。

第3章
当认可无望，如何在不认可中寻找出路

来提醒自己，我们有权拥有自己的体验，如"所有的感觉都值得被认可"。虽然我们不能要求别人总是赞美、喜欢或认可我们，但可以期望得到他人的尊重，而且可以随时从一段不尊重我们的真实体验的关系中退出。

如果我们内心具有强烈的自信心和自我价值感，就会更容易正确地应对他人的不认可。如果我们习惯于自我不认可，就很可能无法抵御他人的不认可，甚至可能认可这种行为。

自我认可是对自己的认可和理解，可以促使我们不断向自己确认："我和其他人一样重要，我的观点值得被认可。我的想法、感觉和情绪属于我自己，这并没有错。无论别人怎么说，我都相信自己，尊重自己。"这是一种多么强大的心态！

自我认可有多种方式。肯定自我是一种很好的方式，我们可以反复对自己说一些鼓励的话，这些话可以从各种渠道找，也可以自己写。被人不认可时，可以记下大脑中所有的消极想法，然后写下希望别人对我们说的话，以缓解焦虑。

我们还可以坚持每天写日记，试着学会感恩，并学会欣赏自己在某一天做的好事。

带着支持去认可
HOW TO LISTEN,HEAR,AND VALIDATE

写日记对养成另一种自我认可的方式——积极的自我对话有辅助作用，能够帮助我们更快地养成这一习惯，遇到任何问题，我们都能很快让自己放下心来。通常，我们很容易忽略自己的优点，而过分关注自己的缺点，所幸这种不良习惯可以通过练习和自律来克服。

此外，我们也可以采用认可的6个步骤来实现自我认可。这6个步骤中的任何一步都不需要借助他人来完成。我们可以留心自己的情绪，围绕它进行思考，并在更大的生活背景中考量自己反应的合理性，列举自己认识的人曾面临的类似问题以及他们做出的反应。这些人不一定是朋友或家人，任何人都可以。

认可 TIPS

在自我价值方面拥有信心和安全感的人，会更少地向他人寻求认可，也更愿意认可他人。

能够容忍分歧和冲突，并在发现他人与我们持不同观点时，仍然尊重他人并认可他人和我们自己，这才是真正的成熟。富有同情心地倾听和尊重他人并不意味着完全同意对方的观点。当我们在自我价值方面拥有信心和安全感时，可能会发现，我们向他人寻求认可的次数

第 3 章
当认可无望,如何在不认可中寻找出路

变少了,同时也更愿意认可他人了。

每个人都有完全属于自己的情感生活和内心体验,当我们认可他人或认可自我时,事实上也在认可另一方。

例如,在一场争论中,两个懂得自我认可的人能更快地达成和解。他们可以对彼此说:"我知道你是什么感觉,我也很高兴你能理解我的感觉。我们都没有错。即使彼此意见不同,我们仍然是有价值的人,我们的经历仍然真实、重要且值得被尊重。"想象一下,如果双方都这么想,那他们就不太可能发生严重的冲突。

带着支持去认可
HOW TO LISTEN,HEAR,AND VALIDATE

向上社交提升指南

如何应对他人在沟通中的忽视、否定或批评？

这些负面反馈都可以归结为不认可行为，而学会辨明不认可的具体表现，学着抵御他人的否定并自我认可就是应对这一局面的良方。

- 不认可的具体表现有 4 种：破坏性言语、批判性态度、提建议或试图解决问题、不真诚。

- 自我认可的方式有 3 种：肯定自我、记录感恩日记、进行积极的自我对话。

HOW TO LISTEN, HEAR, AND VALIDATE

第 4 章

跨越差异，在分歧中表达认可

产生分歧或存在明显敌意时，
认可的作用更明显。

第 4 章
跨越差异，在分歧中表达认可

关于认可，我们都有哪些误会

先来看一段对话：

甲：我觉得你总是批评我……

乙：怎么可能？我从来没有批评过你！

甲：我知道你不是有意的，但我就是有这种感觉。

乙：我说什么了？如果我说的话曾让你感到不快，那我收回。

甲：这不是你说了什么话的问题……

乙：好吧，我不知道你想要什么。难道我必须

带着支持去认可
HOW TO LISTEN, HEAR, AND VALIDATE

为我从未做过的事道歉吗?

通常,他人的认可和自我认可一旦出现偏差,就会引发上述冲突。在本章中,我们将深入探讨现实生活中他人的认可与自我认可。

理解和同情一个沮丧的人并非难事,但当这个人沮丧的原因恰好与我们有关时,情况就完全不同了。虽然我们承认他人有权拥有自己的观点,但当这种观点与我们的观点截然相反时,我们往往就不知道该怎么做了。

认可 TIPS

产生分歧或存在明显敌意时,认可的作用更明显。

认可与认同不同。当我们认可他人时,并不是说我们认为这个人的主张或判断是正确的,也不是说我们喜欢他,而是说他有权这样想。认可可以帮助那些身陷困境的人,也可以让我们成为更好的倾听者和更可靠的朋友。然而,在更加复杂的情况下,也就是当人们彼此产生分歧或存在明显的敌意时,认可的作用会更加明显。正如前文所述,认可是应对激烈的分歧、误解和争吵的好办法。

第 4 章
跨越差异，在分歧中表达认可

认可不是认同

在阅读前面的章节时，你也许会想：认可他人听起来很好，但如果我面对的是一个很无礼、疯狂或观点完全错误的人呢？我肯定没法对他的行为表示认可。

其实，我们应该立足于这样一条基本原则：认可的对象不是对方的想法或感觉，而是对方这个人。认可他人时，我们是在承认对方有权做自己，无论他的想法和行为究竟如何。我们提供的是情感上的认可，而不是内容上的认可。所以，从理论上讲，无论对方的观点有多么奇怪，或者我们认为他错得多么离谱，都无关紧要。当然，在实践中，这就要另当别论了。

> **认可 TIPS**
>
> 认可他人时，我们提供的是情感上的认可，而非内容上的认可。

比如，有人告诉你他感到自己没有得到尊重，然而你知道事实并非如此。或者有人向你表达他的愤怒，但在你看来是他错了，你想要支持另一方。针对这类情况，我们来比较以下这些不同的表达方式：

甲：你说得对，那个人绝对是个白痴。

乙：说实话，我认为他并没有冒犯你的意思。

丙：鉴于你告诉我的情况，我能理解你为什么感到被轻视了。

虽然甲是在表达认可，但他的表达效果实际上并不比乙好，因为二者的回应都不是在认可当事人的情感，而是在关注内容本身。只有丙表达了对当事人情感的认可，而这与当事人是否真的受到冒犯无关。

我们来看另一种更复杂的情况，很多人对此都无法接受：认可那些观点或行为对自己来说完全错误，甚至与自己的看法相反的人。

示例1：

有人说：很明显，这个世界正被一种能变形的邪恶爬行动物操控。

不认可的回应：呃……你在开玩笑吧，你不会

第 4 章
跨越差异，在分歧中表达认可

真的相信这些胡话吧？

认可的回应：啊，看来这种观点让你感到很害怕。

示例 2：

有人说：20 世纪 50 年代的女性更快乐，因为她们知道自己所处的地位。

不认可的回应：……（一连串鄙夷的话）

认可的回应：因为你自己就是 20 世纪 50 年代的人，所以我知道你为什么会这样想。

示例 3：

有人说：你只是个心理咨询师，你是因为别人付钱给你才假装对他们表达关心的。

不认可的回应：你以为我和你一样？

认可的回应：我能看出你在生我的气。但你这么说真的让我很伤心。

> **认可 TIPS**
>
> 要传达这样的信息：对方有权以自己的方式感受某事，即认可对方；我们也会坚守自己的边界，即认可自己。

即使认为对方完全不理智甚至具有攻击性，我们仍然可以给予对方认可。如在以上最后一个示例中，心理咨询师坦陈了自己的不认同和对方对自己的冒犯，同时仍然关注并尊重对方的感受。我们可以努力与人沟通并传达这样的信息：对方完全有权以自己的方式感受某事，即认可对方；同时，我们也会坚守自己的边界，拥有自己的想法，即认可自己。

承认某人在特定的背景和视角下会产生某种感受，对我们来说比较容易，接受和承认那些我们不认同的观点则是一件难事。因为此时我们往往不想让对方觉得他是正确的，或者不想让对方认为我们是其行为或观点的"同谋"。

其实，我们只需要提醒自己，我们永远不必认同那些观点。我们可以给予对方理解、尊重和关心，而无须改变彼此的观点。

第 4 章
跨越差异，在分歧中表达认可

如果我们能做到这些，很快就会惊讶地发现：一段时间后，对方奇怪的观点开始变得不那么奇怪了，而且他在感受到我们的倾听和尊重后，也变得更愿意倾听我们的观点了。当我们真诚地抛开成见并试图真正去听对方在说什么时，双方的争论和误解往往会消失。

> **认可 TIPS**
>
> 真诚地抛开成见并试图真正去听对方在说什么时，双方的争论和误解往往会消失。

不过，面对他人分享的简单信息，我们还要认识到其中包含的情感内容。当对方与我们不同时，我们怎样才能尊重对方的经历，设身处地为他着想，从而与之共情呢？

如果我们能通过表面因素看到其中的细节，就能体会到人类是一种情感动物。当我们真心地承认并肯定双方当下的感受时，外在分歧带来的种种影响可能就会随之消融。从此，无论双方的关系如何，彼此都可以自如地进行情感沟通。

那么，提供认可是否意味着我们永远不能纠正对方明显的错误，不能表现出可能伤害对方的态度呢？当然不是。我们可以在给予认可后，就内容表达自己的观点。

例如："我能看出来，你觉得所有人都在嘲笑你，你感到非常沮丧。我能想象这让你感到多么焦虑，毕竟人们以前对你不太友好。说起来，不知道你有没有意识到，其实他们并没有真的嘲笑你。"

假如本章开篇的对话按如下的情况发展，结果会怎样呢？

甲：我觉得你总是批评我……

乙：真的吗？不是的，我没想批评你。

甲：我知道你不是有意的，但我就是有这种感觉。

乙：啊，我能看出来这让你很不开心。让你觉得受到了批评，实在不好意思。（注意，这是在不一定同意甲观点的情况下表示认可）

甲：谢谢。说实话，这真的不是因为你，是我有时太敏感了……

第 4 章
跨越差异，在分歧中表达认可

在不认同中表达认可

在练习认可他人的过程中，我们开始意识到，意见分歧其实并不是一件大事。

不认同某个人却不表现出敌对立场，这种情况并不少见，即使我们强烈地怀疑对方的观点，也可以积极地认可对方和自我。这在理论上听起来很简单，但在现实生活中，我们该如何真正做到这一点呢？

给予他人认可或许很难。无论我们做什么事，似乎都存在由分歧导致的敌意和恶性冲突。然而，无论我们是谁，都能从自身做起，尝试化解这种难题。

适当表达不同意见的 3 条准则

第一，在试图让对方理解自己的观点之前，先尝试理解对方的观点。以开放的心态展开互动，努力抛开那些先入为主的期望和偏见。在筑起屏障、封闭自我之前，要怀着认可的心态认真倾听对方的话，不要做出评判。

第二，关注对方个人本身，而不是他的想法。一个人的本质并不等同于他的观点。当我们不认同对方时，不认同的是他的某种想法或观念，而不是持有那种想法或观念的对方这个人。人的观点是会改变的，人本身始终是值得尊重和理解的。换句话说，维系人与人之间的关系比赢得一场争论更重要。我们完全可以在不认同对方想法的情况下仍然尊重他。

第三，寻找双方的共同点。人们之间的共同点总是比想象的多。即使双方有所不同，但不都是人类吗？不都有基本的生活经验吗？与其选择将他人视为敌人，不如有意寻找与他人建立友谊与理解的方式。而且，双方都持有令人沮丧的不同意见，这也是双方的一种共同点。

当我们只聚焦于对方的思想和观点时，往往会忽略对方也是人，他也有自己的内心世界和情感状况，与我们一样。

有时，我们不关注对方这个人本身，而是把他看作不同种族、民族、国籍、年龄段、世代或其他团体的成员。当我们以这种方式看待对方时，就会不自觉地按照同样的方式来设想自己，从而与他形成对立。此时，我们容易用"我与他"

第 4 章
跨越差异，在分歧中表达认可

的模式来界定某件事，而完全忘记了对方也是以相同的方式得出他的世界观和观点的。

许多人倾向于认为自己富有同情心和共情力，并拥有开放的思想。然而，他们认为自己这些良好的品质只适用于那些与他们观点一致的人。如今，许多人比以往任何时候都更倾向于认为，那些与自己意见相左的人不仅不正确，而且应该被批评和纠正。

即使在家里，人们也会发现，全球政治的紧张局势和相关的争议会渗透到私人关系中。

例如，一对夫妇可能会因为 MeToo 运动[①]而大吵一架；一家人可能会觉得他们无法同桌共餐，因为这会导致一场围绕政治问题的争吵；朋友之间可能会因为各自在气候变化或其他争议性的热点话题上意见不一致而绝交。在这样一个吵闹不断的世界里，真正的认可是否还有一席之地呢？

[①] 由女星阿莉萨·米兰诺（Alyssa Milano）等人于 2017 年针对一件性侵丑闻而发起的运动，目的是呼吁所有受到侵犯的女性挺身而出，说出自己的经历。——编者注

带着支持去认可
HOW TO LISTEN,HEAR,AND VALIDATE

记住，认可的目标是让倾诉者感觉到自己被人看到、被人听到、被人承认和被人接受。这是每个倾诉者始终需要并渴望的。尽管面对自己不认同的想法时，我们下意识的反应可能是抵制、咄咄逼人或置之不理，但这并不意味着我们无法做到认可对方和我们自己的情感状况。

改变互动的目标

当我们在交谈中有意或无意地持有以下目标（第一类目标）时，争论和敌意往往难以避免：

- 保持完全正确。
- 说服他人像自己一样思考。
- 获得优越感。
- 发现"真相"。
- 惩罚犯错或愚蠢的人。
- 抵制任何攻击自己信念的人。
- 证明某事。

第 4 章
跨越差异，在分歧中表达认可

然而，只要我们改变方法，完全可以改变自己与他人的相处模式。不妨只给自己设定一个目标（第二类目标）：

- 看到和被看到，理解和被理解。

第一类目标都与内容有关，而第二类目标只关乎个人层面的认可与尊重。在第二类目标中，我们对他人的认可会绕开所有的理论、想法和观点，直达本源：从人的角度与对方建立联系，并告诉对方，我们了解了他的内心，并认为他心中所想是可以接受的，也是十分重要的。

> **认可 TIPS**
>
> 要想改变自己与他人的相处模式，不妨只给自己设定一个目标：看到和被看到，理解和被理解。

当围绕宗教、性、政治等敏感话题展开争论时，人们往往会充满敌意，因为他们都觉得自己没有被对方看到或理解。

此时，人们的反应是防御性的，而这种行为方式也使得他们无法看到或理解对方的观点。不被对方注意或不被对方重视会令人感觉受到威胁，从而使人也会以同样的方式威胁对方——这无疑是一种恶性循环。

带着支持去认可
HOW TO LISTEN, HEAR, AND VALIDATE

问问自己：我们能看出对方是如何得出他的观点的吗？是否存在对我们有意义的内容？我们能看出他的核心价值观是如何反映在他的行为和言语中的吗？双方有没有可以达成一致的地方？

记住，在认可他人时，我们并不是要同意对方的观点，而是要对与我们不同的人说"我明白你的想法，我理解你"。如果不知道这样做的意义何在，不妨试着想象一下：当从一个我们认为完全敌对的人那里听到这句话时，我们会有怎样的感想？

真诚地表达"我不同意你的观点，但我知道你为什么这样想，我尊重你"，是弥合双方分歧、连接彼此的一种强有力方式。一旦采用了这种方式，友好对话就会成为可能。我们可以通过提问更好地理解对方，并尝试解释自己的观点。当然，这不是劝说或说教，只是为了增进彼此的理解。

生活中的分歧是不可避免的，但我们可以想办法面对差异。没有任何一种观点是"完全正确的"，也没有任何一种观点比其他观点更好。真诚而尊重他人的对话可以拓展我们的边界，而不会使我们变得狭隘。当我们在日常生活中就某个

第 4 章
跨越差异，在分歧中表达认可

问题与他人产生摩擦时，需要考虑以下几点：

- 这个问题真的值得争论吗？如果放弃坚持，我会失去什么吗？
- 在这个问题上，我的价值观和底线各是什么？在表达它们的过程中，我需要做到什么？
- 在这个问题上，我的盲点、偏见、期望和缺陷各是什么？我能学到什么？
- 我传达的言语信息和非言语信息是否表现出了对对方的接纳？
- 我是否尊重对方及是否试图找到彼此的共同点？

当然，这并不意味着我们必须始终直面这种分歧。

如果我们真诚地在与我们意见相左的人身上尽了最大努力，而问题仍没有得到解决，那么离开或许是更好的选择。因为，认可和尊重是无法建立在单方面的努力之上的，我们需要与对方划清界限，如"我承认我们在这个问题上意见不一致，我觉得我们的谈话可以到此为止了"。

不要为持有不同的观点或主动与对方划清界限而感到愧疚，因为有时候，接受分歧才是整个对话中最真诚的表现。

在冲突中表达认可

接下来，我们将介绍一种最棘手的认可，即在与对方产生冲突时给予认可，尤其是当对方对我们生气时。这时，我们需要采取一种小心谨慎的方式。

我们都希望别人对自己的负面评价是错误的，因此当这种负面评价出现时，尤其是对方的批评恰好准确时，我们会很难认可对方。

即使发现对方在评价我们，我们仍然可以对对方的观点表达肯定与接受，且无须采用恭维讨好的态度。归根结底，我们需要谨慎地平衡对他人的认可与自我认可，以共情和接纳的心态倾听对方对我们的抱怨，而不是迫使对方屈服或因此而伤到自尊。我们可以在尊重他人的同时坚持自己的立场，只有这样，我们才可以真正地学会如何成为更好的人，而不是

第 4 章
跨越差异，在分歧中表达认可

只会埋怨和指责对方。

在这种情况下，关键是要明白，认可实际上可以帮助我们更快地摆平冲突，使我们有更多的机会被别人看到和理解。如果认为对方所说的话有任何可取之处，我们可以借此改进自己的缺点，从而变得更好。

这其实是一种双赢。如果我们能考虑到对方的过往经历、感知能力和人格特质等，就会明白对方的情感是合理的、有意义的，即使对方正在生我们的气或对我们做出了不公平的指责，这一点也不会变。

记住，沟通的目标不应该是赢得争论、打败他人、获得优越感或将事实拒之门外，而是看到与被看到。所以重要的是，我们要学会在坚持自己的底线、认可自己立场的同时认可他人。

这就是为什么实现自我认可的人更容易认可他人——在认可与被

> **认可 TIPS**
>
> 沟通的目标不是赢得争论、打败他人、获得优越感或将事实拒之门外，而是看到与被看到。

认可中,双方得以分享被倾听、被重视和被理解的感觉。当我们与对方通过共同的努力实现这一目标时,双方就已经团结在一起了。

至于如何切实地在冲突中表达认可,可参考以下5个步骤,这些步骤在借鉴了前文讲过的一些技巧的基础上,还提供了一些新策略:

第1步,倾听对方,与对方同在,敞开心扉,不要反驳或打断对方。之后会有机会发言的。

第2步,通过复述或提问来表达我们听到的内容。这里指的是情感,而不是事实。注意用词、语气和肢体语言。任何带有攻击性的迹象都会立即使对方防备起来,并有可能使冲突升级。当对话不是面对面进行时,这一点尤为重要。记住,我们首先应该试着理解对方,然后才能让对方理解我们。我们要做的不是衡量对方分享的感受是否正确,而只是尊重对方的感受。

第3步,承担责任。如果能坦然地接受这种观点,即对方对我们的指责有可能是对的,我们就能给予认可。我们不

第 4 章
跨越差异，在分歧中表达认可

必全盘接受对方的指责，但要表现得诚恳。我们不是在与对方争辩，不是在为自己辩护，也不是想反唇相讥，只是在为自己的言行负责。我们不必赞同对方说的内容，但应认可其背后的情感。例如，如果有人指责你冷落了他，你可以承认你最近有点心不在焉，然后表明自己并非有意冒犯对方。

第 4 步，坚持自己的观点。这是平衡对话双方最主要的方式。如果有必要，可以冷静而中立地守护自己的边界，并尝试与对方分享自己的经历。不过要注意，对方只有在觉得他的立场得到承认时，才会听我们说。要使用没有攻击性的言语，以"我"为主语，避免做出听上去像借口或争论的解释。我们只是在分享自己心中所想，这同样值得被认可。

在双方达成一致之前，可能需要重复以上几步。

第 5 步，如果感觉不错，就用更多的认可来结束争论。在表述中使用"我们"进行强调，将矛盾的双方看作"我们与问题"，而不是"我与你"。另外，要感谢对方与我们分享他的担忧，并感谢他也能反过来

认可 TIPS

要将冲突中的矛盾双方看作"我们与问题"，而不是"我与你"。

倾听我们的意见。如果当前的冲突能加强彼此的联系，那就再好不过了。

当然，以上这些听起来可能太过理想化。有时候，即使我们尽最大努力给予认可，冲突仍有可能升级；有时候，双方之间的问题需要不止一次的讨论才能得到妥善解决。由于愤怒，对方可能无法倾听我们的声音或与我们共情，尤其是当他感觉被误解时。对方可能拒绝我们所做的任何寻求和解或沟通的尝试，似乎只想让我们感到难堪，以示报复。

在这种情况下，要克制住试图扭转局面或向对方发火的冲动。相反，要以积极的态度立即承担自己的责任，坚守自己的底线，然后继续交谈下去。

当我们与对方共同练习认可他人和自我认可时，就可以在尊重和理解自己与尊重和理解他人之间获得平衡。

第 4 章
跨越差异，在分歧中表达认可

向上社交提升指南

如何把即将"谈崩"的局面拉回解决问题上？

沟通中的崩盘往往来自双方得不到肯定和正向回应，而哪怕不认同对方的观点、哪怕正处于冲突之中也坚持表达认可，就是扭转局面的关键。

- 在不认同中表达认可的方式有两种：秉持 3 个原则来适当表达不同意见、将目标从对内容的评判改为对人的关怀。

- 可以通过 5 个步骤来在冲突中表达认可：不反驳地倾听；复述或提问；承担责任；坚持自己的观点；将矛盾双方看作"我们与问题"，而非"我与你"。

HOW TO LISTEN, HEAR, AND VALIDATE

第 5 章

共情，引燃最高级认可的武器

共情让我们在情感上真正理解他人，
而非仅停留在理智层面。

HOW TO LISTEN, HEAR, AND VALIDATE

第 5 章
共情，引燃最高级认可的武器

为什么认可中不能没有共情

假如你在工作中与某人经常发生冲突，有一天，你对他说："虽然我们之间有分歧，但这没关系。我知道你为什么会这么想，在某种程度上我可以理解。虽然我不同意你的观点，但我明白你是怎么想的。"

这时，他可能会很高兴，你们从此或许可以在办公室里友好相处，并以相互尊重的态度和巧妙的技巧来化解彼此的分歧。没人期望你能对同事的内心世界有丰富且深刻的理解，因为这会显得有些奇怪。对于同事，只要做到以礼相待就够了。

然而，对分歧的认可在婚姻关系或亲子关系中几乎起不

带着支持去认可
HOW TO LISTEN,HEAR,AND VALIDATE

到任何作用。例如，我们很难想象一位丈夫会对妻子说"不管怎么样，做你自己"。因为虽然认可的价值很大，但它不一定能发展成真正的共情。而在亲密关系中，真正的共情是不可或缺的。

认可不同于共情。通过认可，我们认识到他人的经历对其自身来说没有对错之分，都有其存在的意义；而通过共情，我们可以发自内心地感受对方的世界。接下来，我们具体来讨论共情。

什么是共情？当认识到某人的情感并与之建立情感联系时，我们就是在与对方共情。即使无法完全理解对方的情感，我们也可以给予他认可和尊重。

因此，我们可以认可他人的经历，而不一定对其产生共情。然而，当我们与对方共情时，认可他人就会变得更容易。事实上，认可和共情的确是相互重叠的。

认可对方即承认对方的内心世界，而与对方共情则能带我们进入对方的内心世界。

第 5 章
共情，引燃最高级认可的武器

共情可以使我们对人的理解超越智识层面。我们能看到对方真实的模样，而不是我们的模样或我们希望他呈现出的模样；我们可以看到并理解他的痛苦，因为我们能够设身处地地观察与思考；我们可以像他一样，听到他内心的声音，理解他的观点。

> **认可 TIPS**
>
> 共情可以使我们对人的理解超越智识层面。

共情有不同的形式，如认知共情（理解他人的思想和智识世界）与情感共情（理解他人的感受）。但一般来说，与人共情时，我们关注的是对方的感受，我们会将自己的观点和事情放在一边，而先去了解对方。

通过共情，我们会开始注意对方的感受，并对其产生同理心，因为尽管对方的经历可能与我们完全不同，但他仍然值得被爱与尊重。

通过认可，我们让对方知道，他们的世界对我们来说是有意义的，他们的经历是可以理解的，他们的感受是值得被认可的。共情则要求我们深入了解对方的感受和经历，并从对方自身的角度来看待它们。

带着支持去认可
HOW TO LISTEN, HEAR, AND VALIDATE

此处的重点不是详细讨论共情和认可之间的细微异同，而是帮助读者认识到二者都有其独特之处，且在不同的情况下，用在不同的人身上会有不同的效果。

示例1：

倾诉者：我没有通过驾照考试，我真的很难过。

倾听者：啊，这真是个坏消息。你难过是有道理的，我知道你为此付出了多大的努力。（这种反应表达了认可，承认对方的感觉是有道理的，但不一定包含共情）

示例2：

倾诉者：我没有通过驾照考试，我真的很难过。

倾听者：我也没考过。这事确实让人很难过，不过我没哭，我又预约了再考一次，这没什么大不了的。（这种反应展示出了一定程度的共情，但没有认可）

第 5 章
共情，引燃最高级认可的武器

示例 3：

> 倾诉者：我没有通过驾照考试，我真的很难过。
>
> 倾听者：啊，这真是个坏消息。你难过是有道理的，我知道你为此付出了多大的努力。我第一次考也没通过，那种感觉很糟，我懂的。（这种反应兼具认可与共情，与对方建立了互通共享的联系）

通常，如何回复对方在很大程度上取决于以下几点：交谈的对象是谁、我们与对方的关系如何、对方真正需要我们做什么以及当前的话题是什么。虽然认可在任何情况下都值得赞赏，但在更亲密的人际关系中，认可与共情的结合更合适。

那么如果只有共情，没有认可呢？比如，当你与某人分享一些令人崩溃的消息时，他可能也会像你一样崩溃，因为这让他意识到他不得不应对同样的情况。或许你能感觉到他的共情，即他懂得你的感受，但你并没有完全感受到他的认可，而他的反应则是可以理解且值得认可的。

带着支持去认可
HOW TO LISTEN,HEAR,AND VALIDATE

大多数人都想成为有共情力的人,但只有良好的意图还不够。好在共情力是可以通过实践培养的,并能不断提升。关于如何提升共情力,有很多资源和模型可以参考,而且,在实践中做到与他人共情并非难事。

要做到与他人共情,我们需要具有开阔的心胸和强大的接纳精神,以便进入对方的世界,并向对方表达我们对对方的接纳。

一般来说,共情包含以下3个要素:

- 保持开放的思想和接纳的精神。
- 进入对方的世界。
- 将对对方的理解和接纳传达给对方。

只有包含了上述3个要素,共情过程才是完整的。所以,在与人沟通的过程中,除了给予认可,如果你还想更进一步,就可以逐一实践这3个要素。具体来说,可以通过以下3个步骤来完成。

第 5 章
共情，引燃最高级认可的武器

3 步提高共情力

第 1 步是敞开心扉。我们需要拥有开放的思想，更确切地说，是开放的心态。

正如第 2 章提到的认可的 6 个步骤，接纳且尊重他人的倾听是一切的开始。只有暂时将自我放在一边，真正关注他人，我们才能与其产生共鸣。开放是一种特殊的态度，要做到这一点，需要深入了解现状并愿意学习新事物。

在某种程度上，开放的心态是一种对世界上其他人满怀爱意的好奇心，能激起我们了解他人以及他们为什么做某件事的渴望。而保持开放心态的最佳方式就是暂时忘记自己。走出自己的世界，抛开自己的假设和偏见。多了解他人，把他人看作值得阅读的迷人书籍或值得探索的新星球。

不要再仅仅将他人分为自己的朋友或敌人，或根据双方之间的相

> **认可 TIPS**
>
> 可以将对方看作一个全新的宇宙，把自己看作一个探险家，带着尊重与敬意去探索。

似性来对其加以评判；相反，应该完全从他人自身出发。将对方看作一个全新的宇宙，把自己看作一个探险家，带着尊重与敬意去探索。

不如偶尔走出舒适区，与自己通常不会接触的人、想法和媒介打交道，看看会发生什么。这有助于我们揭示并消除偏见，毕竟每个人都怀有某种形式的偏见。

> **认可 TIPS**
>
> 在交谈中，只需闭上嘴巴，认真倾听，让对方成为注意力的全部焦点。

由于社交圈的固化，我们往往会封闭自我，无视他人如何看待我们周围的世界，也不在乎他们的观点如何不同于我们的观点。但其实在交谈中，我们只需闭上嘴巴，认真倾听，让对方成为我们注意力的全部焦点，就可以做到打开心扉。也可以去旅行或干脆去一个自己通常不会去的地方。打开全部的感官，真正地敞开心扉去体验不同的经历。

同时，我们不能只对那些正面的感情敞开心扉。你能想象在一些简单且自然的事情上遭遇困难是什么样子吗？暂时

第 5 章
共情，引燃最高级认可的武器

放下自己的那些高傲的想法，保持谦逊的态度，我们才能更好地与人共情。

下一次感到失望、愤怒、困惑或悲伤时，不妨坐下来感受一会儿，试着想象其他人是如何感受这些情绪的。试着从各种角度出发，包括那些令自己感到无助和脆弱的情境。再遇到有类似感觉的人时，那些体验将成为我们可以利用的绝佳资源。

有些人或许会将共情看作一种与生俱来的特质，类似于一种性格特质。但事实上，共情就像一块可以锻炼的肌肉，是一种随时可以培养的技能，只要我们愿意。意识到这一点，敞开心扉、接纳他人就会变得更容易。可以认真地问问自己：自己现在在哪些方面更有共情力？是什么阻碍了自己真正进入他人的世界？

可以从现在开始培养自己开放的心态。想想生活中的某个人，最好是与自己有摩擦的人或自己过去很难理解的人，然后问问自己：

他现在感觉怎么样？他的行为是什么样的？他

会说哪些话？表达何种意思？换句话说，如果是他，他会怎么做？

如果能确定他会怎么想，接下来问问自己：

他为什么会有那样的反应？我能认识到他的个性与背景、长处与短处等现实因素是如何促成他的经历的吗？我该如何理解他的现状？

接着再问问自己：

我能找到双方的任何共同点吗？我以前有过和他一样的感觉吗？如果没有，我能想象自己站在他的立场会是什么感觉吗？

第 2 步是设身处地。共情并不意味着认识到他人与我们生活在不同的世界并以超然的态度对待他人。相反，共情要求我们设身处地地透过他人的眼睛看世界。

不要从自己的角度来看待他人的经历，而要从他人的角度来看待，这一点很重要。这比单纯的认可要更加深入。我

第 5 章
共情，引燃最高级认可的武器

们不仅要看到、承认和尊重他人的世界，而且要接受它，并将它视为自己的一部分（尽管是暂时的）。

当我们真正倾听了他人的经历，接受了他人的感觉以后，就可以试着将自己代入对方的视角。我们可以像对方一样感受和思考。

当然，共情是一种与他人紧密联结的行为，长时间地与他人保持这种状态是不可能的，甚至是不可取的。当我们与他人共情时，需要保持这种意识：我们是在有意识地观察另一种生活，同时也在维持自我意识及自我边界。

> **认可 TIPS**
>
> 与他人共情时，要意识到我们是在有意识地观察另一种生活，也在维持自我意识及自我边界。

一般来说，我们站在他人的立场上想得越多，就越能做到设身处地。这意味着，当有人向我们倾诉时，我们并非只是简单地接受对方所说并进入下一个话题。我们需要问一些问题，以便能深入地了解对方。例如，为什么某些事情对对方很重要？他对某些事情会有什么感觉？他的核心价值观和信念是如何契合的？

思考一下：对方是如何看待生活的？他用何种言语加以表述？他关注什么？他的态度是什么？重要的是，要明白这时我们看到的是对方眼中的世界，而不是自己眼中的世界。

从自己的角度来看，我们可能根本不认同或不理解对方，但当我们改变参照，将自己代入对方的立场时，就可能会意识到，对方的世界是完全有意义且有条理的。

> **认可 TIPS**
>
> 阅读是提升共情力的有效武器。

事实上，有一种令人意想不到的好办法可以培养这种能力，那就是阅读。读小说时，我们要做的就是从小说中某个角色的角度来想象生活。暂时放下自己的身份，并将自己代入角色的身份来看世界。这与我们带着共情之心想象他人的情况并无不同。打个比方，现实中，我们的生活可能是一部爱情喜剧，但如果代入一部设定在3 000年后的科幻小说，我们的世界又会是什么样的呢？

可以问自己以下这些问题，帮助自己进入对方的世界：

- 他的核心价值观是什么？这些价值观是如何表现的？

第 5 章
共情，引燃最高级认可的武器

- 我在对方眼中是什么样子？
- 对他来说，哪些东西很重要？哪些东西会伤害他？哪些东西会满足他？
- 他的人生目标是什么？
- 他如何看待自己？（这很有启发性，因为很少有人的自我认知与给人留下的总体印象完全相符）

第 3 步是接纳与表达。共情的最后一步是将自己新的理解和接纳的感受带入现实世界，并与对方分享。

你可能已经完全理解了对方的想法和感受，并真正了解到对方有这类想法和感受的原因，但如果你什么都不做，不与对方分享自己的认识，就几乎等于没有与对方共情。共情的强大之处在于，它能为我们在现实世界中的行为提供动力。

在这最后，也是最重要的一步中，我们需要把自己的认可与接纳表现出来，并传达给对方。共情充实了我们对他人的理解，这种充实不仅能使对方受益，还能增进双方的关系，加深双方的联系和理解。

那么如何在实践中做到这一点呢？其实，在阅读本书并学习改变沟通方式的技巧时，我们已经朝这个方向迈出了一步。当我们采取积极措施尝试成为更好的倾听者，表达对他人的接纳，并将共情应用于现实世界中的分歧和争论中时，我们就是在将共情付诸实践。

问题在于，当我们敞开心扉，以尊重和接纳的态度进入他人的世界之后，该如何表达共情？

> **认可 TIPS**
>
> 用富有同理心和谨慎的言语分享一些自己的情况，提出经过深思熟虑的问题，并将对方分享的事铭记于心。

我们可以使用富有同理心和相对谨慎的言语，以表示自己对对方的尊重和理解；我们可以分享一些自己的情况给对方，这样一来"我明白"就不再是一句空话；我们可以提出有洞察力且经过深思熟虑的问题，以表明我们在倾听；我们可以将对方分享的事情铭记于心并复述；我们还可以在对方讲明他的边界时表示尊重，并为有时未能及时、准确地理解与回应对方表达歉意。这些表现都表明，我们在关心对方。

第 5 章
共情，引燃最高级认可的武器

此外，在某种程度上，学会对自己共情也会使他人受益。学会自我认可以后，我们就会成为这方面的专家，然后能将自己掌握的知识与技巧传递给他人，让他人学会接纳和认可。

学会了爱自己、关心自己以后，我们不仅能增强自己与周围世界的联系和互动，还能激励他人实现自我认可。实际上，共情不仅是一个理想的概念，也是我们每天都在做的事情。

一旦能与他人共情，认为他人值得认可，那就向他人分享自己的认识，并问问自己：

- 对方的感受在哪些方面与自己有关？在这种情况下，我应该承担哪些责任？
- 我在表达自己的感受时是否做到了诚实且开放？
- 我是否明确了自己的边界以及是否尊重了他人的边界？
- 我说什么或做什么可以改善当前的情况？
- 我是否用对方能理解的言语向其充分表达了接纳和开放的态度？

带着支持去认可
HOW TO LISTEN,HEAR,AND VALIDATE

建立高质量的友谊

当我们对共情这一主题有了更多的了解以后，可能会发现，共情的不同表现都是上述 3 个步骤的某种拓展，比如前文提到的 6 个步骤的认可就是其一。

我们可以将这些步骤理解为一个渐进的过程，即一个从内心开始越来越接近他人的过程。共情始于内心（第 1 步），然后，它会架起一座通向他人的桥梁（第 2 步），最终，随着我们表现出共情，我们将完全与他人同在（第 3 步）。我们可能会发现，在尝试将共情付诸实践的过程中，每一步都比之前做得更好。而这能促使我们朝着这个方向不断前进。

接下来，我们来看一个实例。彼得有个朋友叫迈克，迈克对摇滚乐的理解与彼得截然不同。因为彼得珍视自己与迈克的友谊，而且他也想成为一个更具共情力、更善解人意的人，所以彼得决定改变他对两人之间分歧的常用处理方式。

彼得开始更深入地了解迈克的观点。他开始阅读自己不熟悉的摇滚乐方面的书，并试图真正理解其中的观点。他暂

第 5 章
共情，引燃最高级认可的武器

时放下了自己的判断，用心观察自身之外的世界，如迈克生活中的哪些因素使他被那些观点吸引。在阅读和研究的过程中，彼得意识到，迈克是一个原则性很强且充满热情的人，而且迈克确实只想做正确的事。

尽管他们对"正确的事"有不同的看法，但彼得意识到，他和迈克实际上对摇滚乐都怀有很大的热情，这就是为什么他们一直在争论。

之后再和迈克谈论摇滚乐时，彼得已经做好了准备。他将自己对迈克相信的东西的评判、偏见和假设全部抛在脑后，转而开口询问迈克的看法。

迈克对这种"关注"感到受宠若惊，开始变得比以往更加健谈。迈克第一次感到自己受到了尊重且真正得到了倾听。彼得很高兴，并决定采取进一步的行动，即询问迈克是否也准备听听他的看法。也许，迈克也会有兴趣阅读一些彼得最喜欢的摇滚乐方面的书。

这个实例将共情的几个要素结合在了一起：保持开放的思想和接纳的精神、进入对方的世界，以及将对对方的理解和接纳传达给对方。

几个月后,彼得和迈克仍然像以前一样意见不一。两人都没有改变对方的观点,谁也没有"赢"。但在某种意义上,他们获得了一些更有价值的成就:他们的友谊比以往任何时候都更加牢固,他们的关系更加坦诚和开放,他们真正地"看到"了彼此。

这个例子向我们说明,当双方在情感上互相认可时,达成一致就不再是必要的了。如果双方都愿意看到并接纳彼此,那么双方在细节上存在分歧又有什么关系呢?

第 5 章
共情，引燃最高级认可的武器

向上社交提升指南

如何通过沟通与对方建立更深入的关系?

仅靠认可并不能拉近彼此的关系，共情则是达成这一目标的另一个引擎，学会带着共情去认可，并逐步提高共情力才是深化关系的关键所在。

- 认可与共情是人际关系中的双引擎，只有认可很难进入对方的内心世界，只有共情则可能让我们与对方一起被问题淹没。

- 可以通过这 3 步来提高共情力：敞开心扉、设身处地、接纳与表达。

HOW TO LISTEN, HEAR, AND VALIDATE

第 6 章

共情式沟通，实现认可的最佳方式

共情式沟通就是在理解别人的同时，
选择恰当的言谈方式。

HOW TO LISTEN, HEAR, AND VALIDATE

第 6 章
共情式沟通，实现认可的最佳方式

什么是共情式沟通

在本章中，我们将更深入地探讨如何通过共情来认可他人，包括如何表达自己以及如何倾听他人的表达。

现在，我们要做的仍然不仅仅是认可。告诉对方"你的观点值得认可"当然很好，但"你的观点值得认可，我也能理解且有同感"则更加有力。

共情是指与他人同感，共情式沟通则是将同理心表达出来，而且要确保对方能感受到这种同理心。换句话说，共情不仅会对我们自己产生影响，而且也能丰富对方的体验。

接下来，我们来了解是什么共情式沟通，同时要牢记上一章中提到的共情的3个要素。本书已经提到了各种关于共情的方法，现在是讨论如何应用的时候了，我们将探讨在实际生活中究竟应该怎么做。

3个原则引领高质量对话

在深入探讨何为共情式沟通这个问题之前，我们需要先了解一些沟通的基本原则。第一个原则是，我们需要对沟通有清晰、正确的理解。每个人都是独立的个体，但又与其他个体、群体、家庭和社会有联系；每个人都是离散的个体，却又必然彼此联系。那么，是什么将我们联系在一起的呢？答案是沟通。

沟通包含3个基本组成部分：倾诉者、倾听者和信息本身。倾诉者用言语和非言语方式对信息进行"编码"。这种信息以某种形式（如书面或口头）传递给倾听者，倾听者需要"解码"，以实现对信息的理解。

认可也是一种沟通，它传递的是关于"接受"的信息。通

第6章
共情式沟通，实现认可的最佳方式

常，沟通是否有效取决于倾诉者如何将信息传递给倾听者。

成功的沟通有赖于倾诉者的共情力和倾听者的开放心态，以及信息的准确性和恰当性。值得反复强调的是，如果倾诉者缺乏共情力，信息未以倾听者能理解的言语传递出来，或倾听者没有倾听的意愿，那么沟通就会失败。

> **认可 TIPS**
>
> 成功的沟通有赖于倾诉者的共情力和倾听者的开放心态，以及信息的准确性和恰当性。

当我们与他人沟通时，需要一定的想象，如我们可以试着为他人"画像"：想象他在想什么、他想要什么、他能理解什么，以及他听我们说话时会遇到哪些障碍。共情不仅能促进沟通，也是沟通的基础。如果我们不考虑倾听者，只对着空气说话，我们就不是在与人沟通，而只是沉浸于独白之中。

第二个原则是，对于沟通，不要只着眼于言语。很多事物都可以传递信息，比如面部表情、姿势、声音、穿着打扮和手势动作等。

带着支持去认可
HOW TO LISTEN,HEAR,AND VALIDATE

因此，与他人进行共情式沟通时，我们需要认真考虑我们是谁、我们在与谁交谈以及该如何构建信息。众所周知，当我们向一个 5 岁的孩子介绍自己时，介绍的方式与面对一个 50 岁的人时肯定不同。另外，如果想让别人接受我们提供的信息，有时就需要对信息进行重塑或设计，以适应对方的"口味"。而且，如果我们使用的"语言"与对方完全不同，那么就可能需要改变自己的表达方式，这样才能得到对方的理解。

> **认可 TIPS**
>
> 共情式沟通的核心，是理解谈话对象的观点，并相应地调整交谈方式。

因此，共情式沟通的核心，是理解谈话对象的观点，并相应地调整自己的交谈方式。

不妨想想自己在沟通过程中扮演的角色，自问以下问题：

- 我的沟通方式是什么？这会如何影响他人？这种方式在某些情况下合适吗？

- 在与人沟通时，我的长处是什么？我的弱点、偏见或盲点又是什么？

第 6 章
共情式沟通，实现认可的最佳方式

- 如果沟通出现困难，那么有我的原因吗？
- 双方沟通困难时，究竟是因为我和我传递的信息有问题，还是因为对方并没有听我说话？
- 我以何种媒介与人沟通？我使用的言语和语气是什么样的？
- 我在沟通中最想达成的目标是什么？希望从谈话中获得什么？与人沟通是出于自我的诉求或帮助他人的愿望，还是屈服于外部压力？在有意识或无意识下，我的情感动机是什么？

如果经常感到被人误解，那么可能不是因为对方不愿意听我们说话，很可能是因为我们传递的信息或表达方式存在问题。

当我们对自己的角色有了正确的理解之后，就该关注对方的角色了。这时，我们不要认为对方知道我们知道的事情、关心我们关心的领域，也不要假设双方有相同的目标，甚至在一开始，双方沟通的参照可能就是不同的。

问问自己以下这些问题：

- 他是谁？他看重什么？为什么？
- 他的沟通方式是什么样的？他的沟通方式如何与我的沟通方式相互作用？
- 他身上有哪些因素会妨碍他真正听懂我的话？我怎样才能用他的"语言"来描述事情？
- 他对我分享的信息会有什么看法？
- 他想要什么？是什么在驱动他？
- 他有什么样的背景？他的背景与我有什么不同？他熟悉和不熟悉的领域分别是什么？
- 他可能对我有什么样的猜测和期望？

上述两个原则可以帮助我们认识到沟通中存在的潜在障碍、限制和分歧。接下来，我们来探讨沟通的第三个原则：关注信息本身，并通过精心组织信息来实现最佳沟通效果。

问问自己：

- 我想表达的核心信息是什么？为什么要表达？

第 6 章
共情式沟通，实现认可的最佳方式

- 这条信息应该以什么样的形式表达出来？
- 我选用的媒介是否与信息的内容相匹配？
- 这条信息的长度和详细程度应该是什么样的？
- 使用哪种语气最合适：激烈而直接的、温和的、玩世不恭的、推心置腹的，还是中立而专业的？
- 使用哪种言语最有效：行话还是俚语？注重逻辑的还是侧重情感的？直接的还是暗示性的？如果以叙述、辩论、辩护或中立报告的形式呈现，效果会有什么不同？
- 这条信息应该以书面形式呈现还是口头形式？以数字化方式呈现又会如何？使用图像或隐喻是否更好？
- 什么可能造成误解？又如何避免？

很多人认为，沟通归根结底只在于一个人说什么，但事实上，它与谁在说、谁在听同样有关。

想要让沟通达到最佳效果需要一个特殊的因素：共情。事实上，没有共情力的人不可能成为良好的沟通者。而且，好的沟通方式从来都不是固定不变的，而是灵活动态的，会不断地变化，以便适应沟通对象。

无论是与他人交往，还是为了达到某种目的，沟通技巧都是不可或缺的。要做到这一点，需要有足够的共情力，并理解什么才是真正的"良性沟通"。

> **认可 TIPS**
>
> 沟通中的共情力是指能看到他人的世界，意识到他人身处其中，并在此基础上展开对话。

沟通中的共情力是指能看到他人的世界，意识到他人身处其中，并在此基础上展开对话。

适时地调整沟通方式和传递的信息，类似于每天根据情况改变穿着。当我们选择自己的着装时，必须考虑天气和场合，以及我们的身材、年龄、性别和个人风格。同时，也要考虑其他人，比如他们可能会如何看待我们以及我们希望他们如何看待我们。

沟通也不例外，我们需要根据沟通目的和倾听者来做出改变。失败的沟通者可能从未考虑过交谈对象的观点，由于缺乏共情力，他被困在自己的世界里，而他传递的信息可能无

第6章
共情式沟通，实现认可的最佳方式

法被对方理解，因为在发送信息时，他根本没有考虑到信息的去向。这就像把一封没有写地址的信扔进邮筒一样，是无法到达目的地的。

我们需要有针对性地进行沟通，而想要了解沟通对象的情感"地址"，就要培养自己的共情力。

当沟通受阻时，我们很容易简单地认为对方犯了错或对方没有好好听我们说话。于是，我们加倍努力，试图使自己被听到、被理解，也可能会在沮丧中一遍一遍地重复同样的话。但沟通不仅是一个人的事，只有当倾诉者、倾听者和信息本身都相互契合时，沟通才会生效。否则，信息交流就不存在，也不会改变任何现状。请看下面的例子。

贝丝初来乍到，想交朋友，于是她加入了一个以当地教堂为中心的社区团体，尽管她自己并不信教。出于善意，这个团体向贝丝发出了邀请，希望她能在完成教会一天的活动后参与他们的社交活动。贝丝去了。然而，贝丝并不开心，当别人问她感觉如何时，她开始发表自己的意见，说她不赞同他们的信仰，觉得整件事情都很荒谬；她还声称自己不会再去了，因为她不可能像他们一样"陷入幻想"。

带着支持去认可
HOW TO LISTEN,HEAR,AND VALIDATE

贝丝的一番话引起了其他人巨大的反感,她当场就失去了所有新朋友,并被孤立了起来。她对此感到愤怒,因为她只是在"忠于自己":他们怎么能据此来评判她?难道他们希望她撒谎吗?

其实,贝丝想要与他人分享这样的信息,即她不喜欢教会的社交活动,也不想加入。不过,她丝毫没有为信息的接收者着想。她只考虑了自己的观点,并没有顾及新朋友的感受,因此,她的"爆发"是非常无礼和不尊重人的。

如果贝丝有很好的共情力,她就可以更加关注当前情境中的情感内容,如新朋友与她不同,但他们仍然表现出了友好和欢迎的姿态。

贝丝本可以谢绝对方的邀请,并礼貌地表示教会团体的社交活动不适合她,同时仍然与对方保持友好的联系,这样她就可以以不同的方式与他们相处。在贝丝看来,她只是说出了"真相",仅此而已。她并不在乎其他人的背景,也不在乎她的信息是如何传达给他人的。也就是说,她不善于沟通。

我们在很多时候可能听到过类似的表达:"不会吧? 我只

第 6 章
共情式沟通，实现认可的最佳方式

是实话实说而已。"这类话语好像在说，沟通中最重要的是人们提供的事实数据的正确性。但事实并非如此，而且列一张"能够表现同理心的话"的清单也不现实。

良好的沟通取决于特定语境和参与沟通的人。例如，"你现在一定感觉很糟糕，我很遗憾"在某种情况下可能是完美的回应，但在另一种情况下则可能是极度冷漠的回应。有了共情力，我们就能分辨出什么时候该说什么话了。

3 种方式，开启共情式倾听

那么，我们在倾听别人时到底该做什么呢？被动地坐着吗？当然不是。

当我们在认可他人和培养共情力方面成为高手以后，倾听他人时，就不会仅仅以沉默回应了。

积极的倾听意味着将全部的注意力集中在对方正在分享的事情上，也意味着全面接受他人，并抱着以一种慷慨且包

带着支持去认可
HOW TO LISTEN,HEAR,AND VALIDATE

认可 TIPS

共情式倾听不是被动的,需要有意识地努力和不断练习。

容的精神,以对方提供的信息和观点为中心。共情式倾听绝不是被动的,它需要有意识地努力,是一种需要不断练习的技能。

倾听时,我们是在与信息和倾诉者建立联系。我们接收并处理信息,同时将它们反映出来,让对方的表达听起来更生动,并对听到的内容做出真实的反应,以尊重对方与我们分享的意愿。这本身就表明我们足够关心对方,并认为他说的话很重要。

进行共情式倾听,可以有几种不同的方式,每种方式适用于特定的情境。下文介绍 3 种常见的方式,每个人可以根据不同的情况进行选择。

创造空间

创造空间是指自己抽身出来,让对方分享的信息在没有干扰、不经解读或判断的情况下充分成形。你只需要敞开心

第 6 章
共情式沟通，实现认可的最佳方式

扉，与对方保持同频，让对方做自己并让他说出心中所需。

我们可以用非言语方式为对方创造空间，如使用开放性的身体语言和接受性的面部表情。也可以保持安静，以全神贯注的真诚态度鼓励对方分享。

> **认可 TIPS**
>
> 为对方创造空间时，不要催促对方，也不要贸然回应，只需让对方充分地表达自我即可。

充足的空间是给予对方的一件美妙的礼物，可以让他们简单地做自己，体验自己的感受。

为对方创造出空间时，不应默默地想接下来要说什么或大张旗鼓地展示自己的反应，也不应催促对方，更不应贸然回应，即使是鼓励性的回应。我们要做的，就是让对方充分地表达自我。

密切关注对方说的每一句话。暂时忘掉自己的想法，什么都不用做，只需要专注于正在发生的事情，并将自己的判断和各种干扰因素放到一边。这听起来容易，但做起来可能很难。

给予反馈

对与我们交谈的人来说,我们就像一面镜子。我们可以接收对方传递的信息并给出反馈,这是一种极为有效的认可。就好像我们在说:"嗯,信息收到了,十分清楚。是这样的吗?我理解得对吗?"一面好的镜子能尽可能准确地反映面前的事物。

> **认可 TIPS**
>
> 给予反馈时,尽量不要加入自己的解释,复述自己听到的内容即可。

所以,给予反馈时,尽量不要加入自己的解释。复述自己听到的内容即可。在关于认可的 6 个步骤中,我们谈到了如何使用情绪词来传递信息,这种方法在给予反馈方面依然适用。不过通常而言,简单地使用对方使用过的词语更有效,尤其是当我们的主要目标是共情时。

另外,不要只关注事实,因为给予情绪上的反馈更能带来认可。试着成为一块共鸣板,忠实地给出回声,而不要让回声占据主导地位。反馈表达的应该是支持和鼓励,而不是试图偏离或改变话题。

第 6 章
共情式沟通，实现认可的最佳方式

做出反应

最积极的一种倾听方式是带着共情之心回应我们听到的内容。没有人愿意对着一堵墙说话，也没有人想看到自己说的话被对方无视。如果倾诉者能看到倾听者对自己的话感同身受并做出了反应，那么他将充分地感受到被认可。

不过，对于这一点，我们需要谨慎行事。我们要做出对方需要的合理反应。例如，如果有人向我们坦白一个秘密，我们却立即做出厌恶或震惊的反应，那将带来灾难性的后果。而如果有人讲述了一个悲伤的故事，我们表示理解并表明自己被故事打动，那么对方将感受到被认可。

做出的反应不需要很明显。我们可以简单地通过面部表情的变化告诉对方，他的话对我们产生了影响，比如在关键时刻点头或在适当的时候加上一句"嗯"或"我明白了"。

我们也可以根据对方的语调、姿势或面部表情来做出相应的反应。这样就可以传达出一种信息，即我们不仅在倾听并理解他的情绪波动，而且也认可他，并和他有同样的反应。

带着支持去认可
HOW TO LISTEN, HEAR, AND VALIDATE

认可 TIPS

在沟通中说实话总是一件好事,但也应根据对方的需求加以调整。

当我们做出有效的反应时,与其说是我们对听到的内容做出了自己的判断,不如说是对倾诉者的情感做出了真正的认可。

虽然在沟通中说实话是件好事,但我们也可以根据对方的需求加以调整。例如,如果有人在失去所爱之人后与你分享他的悲伤,而你确实无法与他共情,那么你完全可以说"我无法想象你现在的心情"。你也可以补充一句:"但我知道你现在真的很难过。"

如果你真的被对方打动了,并且为他感到悲伤,那么你表现出悲伤的情绪对他来说不失为一种慰藉。在倾听时需要问问自己:我们的反应是否有利于共情?

创造空间、给予反馈和做出反应,这 3 种方式各有适用之处,在倾听时都很有用。我们也可以综合 3 种方式,先创造空间,让对方发表意见,然后逐渐给予对方更多的反馈,最终做出反应。

第 6 章
共情式沟通，实现认可的最佳方式

练习共情式倾听，发现新天地

思考下列问题可以帮助我们提升共情式倾听的能力：

- 我是否不带偏见？
- 我是否同时听出了对方的感受和事实？
- 我是否向对方展现了我在认真倾听？
- 我是否以反馈、回应、提问或其他方式与我听到的信息进行了关联？
- 从广义上讲，对方真正想从我这里得到什么？我该如何表现出来？
- 我的倾听有什么效果？我怎样调整才能找到最佳倾听方式？

与他人沟通时，可以在心里将上述问题过一遍。如果我们一开始留出了足够的空间，却发现对方对沉默状态感到不适，并不断寻求我们的反馈意见，那就可以相应地给予更多的反馈，并做出进一步的回应。我们还可以问自己其他问题或试着估量一下，对对方来说，什么是最有效的。

此外，还要像共情式沟通那样，从对方的角度倾听。他为什么要这样说？他想从这次对话中和我们身上得到什么？他是在寻求安慰还是认可，或者他只是需要大声说出自己的想法以厘清思路？获得这些问题的答案的唯一方法就是倾听，同时还要留意倾听带来的效果。

如果对如何应对他人的情绪存在疑问，如对方很生气或难以判断他分享信息的目的，那么不妨向对方提几个问题。向对方提问可以证明我们与他同在，并密切关注着他，即使我们可能还没有完全理解他说的话。

当然，我们也可以直接询问对方的情绪与目的，这取决于双方的关系。比如：

你现在希望我怎样支持你？

你只是需要有人倾听，是吗？

你是想再谈谈，还是我们应该放弃这个话题？

我们也可以直接与对方谈论当前的对话，在对话期间或对话结束后谈论都可以，并在谈论结束前再给予对方认可。

第6章
共情式沟通，实现认可的最佳方式

比如：

> 谢谢你信任我，与我分享这些。
>
> 我很高兴我们谈过了。如果你想讨论其他事情，可以随时找我。
>
> 感谢你提供的反馈。
>
> 我想我现在可以更好地理解你的处境了。你已经解释得很清楚了。

此外，上述方法在应对冲突或分歧时同样有效。事实上，当对方正在生气或怀有敌意时，全神贯注地倾听对方往往更重要。因为在这种情况下，我们通常无法与对方展开有效讨论，除非对方觉得他已经说出了自己的观点，而且我们认真倾听了。如果只给出一句无力且虚情假意的道歉，然后立即开始找借口或为自己辩解，那么冲突难免会持续更久。

共情式沟通与共情式倾听都需要练习，了解它们背后的原理只是第一步。在理论上认可一件事并不困难，但当我们情绪激动时，就容易将其完全抛在脑后。因此，要想在这方

带着支持去认可
HOW TO LISTEN, HEAR, AND VALIDATE

> **认可 TIPS**
>
> 当对方正在生气或怀有敌意时，全神贯注地倾听很重要。

面有所进步，就要坚持在现实生活中的每次对话中练习相关技巧。

随着自我认可和共情力的增强，我们理解他人的能力也会增强。此外，还有一个简单得出乎意料的技巧，即直接告诉对方我们想成为更好的倾听者和更具共情力的沟通者。

我们可以真诚地向他人敞开心扉，对对方说："我真的想从你的角度观察并理解这种情况。我正努力成为更好的倾听者。你能帮助我吗？"试试吧，对方的反应可能会让我们惊叹。

第 6 章
共情式沟通,实现认可的最佳方式

向上社交提升指南

如何实现最佳质量的沟通?

最佳质量的沟通不仅意味着解决问题、深化关系,还意味着双方获得情感上的同频与共享,我们可以通过打造高质量的对话、进行共情式倾听来实现。

- 这 3 个原则可以带来高质量对话:准确理解何为沟通,不把沟通局限于言语,关注并精心组织信息。

- 通过这 3 种方式,可以顺利进行共情式倾听:为对方的表达创造空间、给予反馈、做出反应。

未来，属于终身学习者

我们正在亲历前所未有的变革——互联网改变了信息传递的方式，指数级技术快速发展并颠覆商业世界，人工智能正在侵占越来越多的人类领地。

面对这些变化，我们需要问自己：未来需要什么样的人才？

答案是，成为终身学习者。终身学习意味着具备全面的知识结构、强大的逻辑思考能力和敏锐的感知力。这是一套能够在不断变化中随时重建、更新认知体系的能力。阅读，无疑是帮助我们整合这些能力的最佳途径。

在充满不确定性的时代，答案并不总是简单地出现在书本之中。"读万卷书"不仅要亲自阅读、广泛阅读，也需要我们深入探索好书的内部世界，让知识不再局限于书本之中。

湛庐阅读 App: 与最聪明的人共同进化

我们现在推出全新的湛庐阅读 App，它将成为您在书本之外，践行终身学习的场所。

- 不用考虑"读什么"。这里汇集了湛庐所有纸质书、电子书、有声书和各种阅读服务。
- 可以学习"怎么读"。我们提供包括课程、精读班和讲书在内的全方位阅读解决方案。
- 谁来领读？您能最先了解到作者、译者、专家等大咖的前沿洞见，他们是高质量思想的源泉。
- 与谁共读？您将加入优秀的读者和终身学习者的行列，他们对阅读和学习具有持久的热情和源源不断的动力。

在湛庐阅读 App 首页，编辑为您精选了经典书目和优质音视频内容，每天早、中、晚更新，满足您不间断的阅读需求。

【特别专题】【主题书单】【人物特写】等原创专栏，提供专业、深度的解读和选书参考，回应社会议题，是您了解湛庐近千位重要作者思想的独家渠道。

在每本图书的详情页，您将通过深度导读栏目【专家视点】【深度访谈】和【书评】读懂、读透一本好书。

通过这个不设限的学习平台，您在任何时间、任何地点都能获得有价值的思想，并通过阅读实现终身学习。我们邀您共建一个与最聪明的人共同进化的社区，使其成为先进思想交汇的聚集地，这正是我们的使命和价值所在。

CHEERS

湛庐阅读 App 使用指南

读什么
- 纸质书
- 电子书
- 有声书

怎么读
- 课程
- 精读班
- 讲书
- 测一测
- 参考文献
- 图片资料

与谁共读
- 主题书单
- 特别专题
- 人物特写
- 日更专栏
- 编辑推荐

谁来领读
- 专家视点
- 深度访谈
- 书评
- 精彩视频

HERE COMES EVERYBODY

下载湛庐阅读 App
一站获取阅读服务

How to Listen, Hear, and Validate by Patrick King

Copyright © 2021 by PKCS Mind, Inc.

Simplified Chinese translation rights arranged with PKCS Mind, Inc. through TLL Literary Agency.

All Rights Reserved.

本书中文简体字版经授权在中华人民共和国境内独家出版发行。未经出版者书面许可,不得以任何方式抄袭、复制或节录本书中的任何部分。

版权所有,侵权必究。

图书在版编目（CIP）数据

带着支持去认可 /（美）帕特里克·金
(Patrick King) 著；田苑菲译. -- 杭州：浙江教育出版社，2023.10
 ISBN 978-7-5722-6561-7

Ⅰ.①带… Ⅱ.①帕… ②田… Ⅲ.①人际关系学－通俗读物 Ⅳ.① C912.11-49

中国国家版本馆 CIP 数据核字（2023）第 176481 号

上架指导：心理学 / 沟通与社交

版权所有，侵权必究
本书法律顾问　北京市盈科律师事务所　崔爽律师

浙江省版权局
著作权合同登记号
图字:11-2023-355号

带着支持去认可
DAIZHE ZHICHI QU RENKE
［美］帕特里克·金（Patrick King）　著
田苑菲　译

责任编辑：李　剑
助理编辑：骆　珈
美术编辑：韩　波
责任校对：王晨儿
责任印务：陈　沁
封面设计：ablackcover.com

出版发行　浙江教育出版社（杭州市天目山路 40 号）
印　　刷　天津中印联印务有限公司
开　　本：880mm ×1230mm 1/32
印　　张：5　　　　　　　字　　数：90 千字
版　　次：2023 年 10 月第 1 版　印　　次：2023 年 10 月第 1 次印刷
书　　号：ISBN 978-7-5722-6561-7　定　　价：69.90 元

如发现印装质量问题，影响阅读，请致电 010-56676359 联系调换。